W0271328

Tschüss!

Communication au quotidien

Alltagskommunikation

Francine Rouby
Agrégée de l'université
Professeur en classes préparatoires

ellipses

ISBN 2-7298-2681-5

32, rue Bargue 75740 Paris cedex 15

www.editions-ellipses.fr

Avant-propos

Les situations du quotidien posent souvent les problèmes les plus difficiles à résoudre sur le terrain, car elles exigent une solution immédiate. Comment trouver les formules simples, les questions et les réponses de la politesse de base lors d'une rencontre, dans une soirée. Pire, comment répondre au téléphone.

Ce petit ouvrage propose des situations quotidiennes dans des phrases standard, avec le vocabulaire et les tournures de la langue orale, qui pourront facilement être adaptées au contexte de chacun au moment où une telle situation se présentera. Car la spontanéité, elle aussi, s'entraîne.

En se familiarisant avec les idiomes proposés, en constatant souvent les différences d'approche et donc de tournure, une certaine aisance se mettra en place, les situations courantes ne devraient plus embarrasser le lycéen, l'étudiant, l'actif, voire le touriste en contact avec des Allemands, que ce soit dans le cadre d'un séjour linguistique, d'un voyage ou dans un cadre professionnel.

On pourra soit piocher au gré de ses envies, soit faire un apprentissage plus systématique et plus rigoureux.

Ces phrases supposent bien sûr certaines connaissances préliminaires, mais le vocabulaire a été choisi dans un registre courant. Elles sont présentées dans le cadre d'un vouvoiement (« Sie »), d'autres dans le cadre du tutoiement (« du », « ihr »), car les Allemands se tutoient plus vite et plus facilement que les Français, même dans le contexte d'une hiérarchie professionnelle.

Cela ne devrait poser aucun problème et permettra de rafraîchir les pronoms personnels et la conjugaison des verbes les plus simples, oubliés parfois.

Inhalt

Wie...
... mache ich Bekanntschaft?

I. Sich über jemanden erkundigen

1. Darf ich Ihnen Frau / Herrn X vorstellen?
2. Kennen Sie meinen Kollegen, Herrn Fliege?
3. Sehr angenehm. / Sehr erfreut.
4. Wie geht es Ihnen?
5. Wie heißen Sie?
6. Wie ist Ihr (Familien)Name?
7. Wie ist Ihr Vorname?
8. Darf ich Sie bei Ihrem Vornamen nennen?
9. Wie alt sind Sie?
10. Haben Sie Geschwister?
11. Sind Sie verheiratet?
12. Haben Sie Kinder?
13. Welcher Staatsangehörigkeit sind Sie?
14. Woher kommen Sie?
15. Wo haben Sie vorher gewohnt?
16. Wo wohnen Sie?
17. Wo haben Sie studiert?
18. Wo haben Sie Deutsch gelernt?
19. Was machen Sie beruflich?
20. Und was machen Sie sonst so?
21. Seit wann sind Sie hier?
22. Seit wann arbeiten Sie in dieser Firma?
23. Sind Sie zum ersten Mal hier?
24. Gefällt es Ihnen bei uns?

Comment…
… faire connaissance ?

I. Se renseigner sur quelqu'un

1. Puis-je vous présenter Mme / Mr. X ?
2. Connaissez-vous mon collègue, Mr. Fliege ?
3. Enchanté(e).
4. Comment allez-vous ?
5. Comment vous appelez-vous ?
6. Quel est votre nom de famille ?
7. Quel est votre prénom ?
8. Puis-je vous appeler par votre prénom ?
9. Quel âge avez-vous ?
10. Avez-vous des frères et des sœurs ?
11. Êtes-vous marié(e) ?
12. Est-ce que vous avez des enfants ?
13. Quelle est votre nationalité ?
14. D'où venez-vous ?
15. Où avez-vous habité avant ?
16. Où habitez-vous ?
17. Où avez-vous fait vos études ?
18. Où avez-vous appris l'allemand ?
19. Que faites-vous professionnellement ?
20. Et sinon, à quoi passez-vous votre temps ?
21. Depuis quand êtes-vous ici ?
22. Depuis quand travaillez-vous dans cette entreprise ?
23. Est-ce votre premier séjour ici ?
24. Êtes-vous satisfait de votre séjour chez nous ?

II. Persönliche Informationen mitteilen

25. Sehr angenehm.
26. Sehr erfreut, Sie kennen zu lernen!
27. Ich habe viel von Ihnen gehört.
28. Ich glaube nicht, Ihnen schon einmal begegnet zu sein.
29. Ich heiße Jochen Fliege.
30. Ich bin dreißig.
31. Ich habe drei Brüder aber keine Schwester.
32. Ich bin ein Einzelkind.
33. Ich bin ledig.
34. Ich lebe allein / bin Single.
35. Ich bin Deutscher / Franzose.
36. Deutsch / Französisch ist nicht meine Muttersprache, aber ich spreche es gern.
37. Ich komme aus Berlin / Paris.
38. Ich komme aus Frankreich.
39. Ich lebe in Toulouse.
40. Ich wohne in der Tempelstraße, 28.
41. Ich bin Buchführer(in).
42. Ich bin kaufmännischer Angestellter in einer großen Firma.
43. Ich bin seit Montag in Paris.
44. Ich bin auf Geschäftsreise hier.
45. Sie sind also ein Freund von Emma!
46. Erzählen Sie mir etwas von Ihrem Land.
47. Sie sprechen gut Französisch!
48. Es war mir ein Vergnügen, mich mit Ihnen zu unterhalten.
49. Ich bin sehr froh, Ihre Bekanntschaft gemacht zu haben.
50. Ich möchte Sie gerne wiedersehen, hier sind meine Adresse und meine Telefonnummer.

II. Apporter des informations personnelles

25. Enchanté(e).
26. Ravi(e) de faire votre connaissance !
27. J'ai beaucoup entendu parler de vous.
28. Je ne pense pas vous avoir déjà rencontré(e/s).

29. Je m'appelle Jochen Fliege.
30. J'ai 30 ans.
31. J'ai trois frères mais pas de sœur.
32. Je suis fils / fille unique.
33. Je suis célibataire.
34. Je vis seul.
35. Je suis Allemand / Français.
36. L'allemand / le français n'est pas ma langue maternelle, mais j'aime le parler.
37. Je suis de Berlin / de Paris.
38. Je viens de France.
39. Je vis à Toulouse.
40. J'habite au 28, rue du Temple.
41. Je suis comptable.
42. Je travaille comme commercial dans une grande entreprise.
43. Je suis à Paris depuis lundi.
44. Je suis ici en voyage d'affaires.
45. Alors comme ça vous êtes un ami d'Emma !
46. Parlez-moi un peu de votre pays.
47. Vous parlez bien français !
48. Cela a été un plaisir de parler avec vous.
49. Je suis ravi d'avoir fait votre connaissance.
50. J'aimerais vous revoir, voici mes coordonnées.

Einfaches Gespräch

Auf einer kleinen Fete

Jochen: Hallo! Sie sind doch unsere neue Sekretärin! Darf ich Ihnen meine Frau und ein paar Kollegen vorstellen?

Angela: Hallo! Ja, gerne. Sehr angenehm.

Jochen: Wann sind Sie denn bei uns eingetroffen?

Angela: Ich bin erst vorgestern angekommen. Ich komme aus Frankreich und bin zum ersten Mal in Deutschland.

Jochen: Sie sprechen aber sehr gut Deutsch! Es wird Ihnen bestimmt in unserer Stadt gefallen. Haben Sie schon eine Wohnung gefunden?

Angela: Eigentlich noch nicht. Ich bin in einem kleinen Hotel abgestiegen. Aber ich habe ja Zeit, ich muss mich zuerst an meine neue Arbeit gewöhnen.

Jochen: Wie war Ihr erster Eindruck? In der Firma, meine ich...

Angela: Alle sind sehr nett zu mir. Ich muss mich nur an ein anderes Arbeitsklima gewöhnen, an neue Arbeitsmethoden. Ich bin aber sehr glücklich, neue Erfahrungen zu sammeln. Ich habe ja schon zwei Jahre in den USA gearbeitet...

Jochen: Oh, Sie sind ganz schön mutig! So jung und schon so viel Auslandserfahrung!

Angela: So jung bin ich aber nicht mehr, immerhin schon Mitte dreißig...

Jochen: Das ist noch sehr jung! Kommen Sie doch einfach mal auf ein Glas Wein zu uns. Wir werden uns freuen, Sie wiederzusehen.

Angela: Sehr gerne... Bis dann...

Wie geht es dir?

1. Gut! Danke. Und dir?
2. Mir geht es gut / bestens! Danke!

3. Es geht so...

4. Mir geht es schlecht

Petits mots bien utiles

Hallo!	*hello / bonjour !*
Tschüss	*salut / au revoir*
Bis bald	*à bientôt*
Auf Wiedersehen	*au revoir*
Mach's gut	*passe une bonne journée*
Einen schönen Tag / Abend noch	*je te / vous souhaite une bonne journée / soirée*
Das stimmt!	*ça c'est (bien) vrai !*
Na also!	*tu vois !*
Na klar!	*bien sûr !*
Danke	*merci*
Keine Ursache / Nicht zu danken	*il n'y a pas de quoi*

Wie…
… spreche ich am Telefon?

1. Fragen am Telefon

1. Könnte ich mit Frau Huber sprechen?
2. Kann ich mit der Frau des Hauses sprechen?
3. Ist Herr Hansen da, bitte?
4. Könnten Sie mich mit dem Kundendienst verbinden?
5. Könnten Sie mich mit der Informatikabteilung verbinden?
6. Ist es ein Auslandsgespräch oder ein Ortsgespräch?

7. Hallo, wer ist am Apparat?
8. Darf ich Sie fragen, wer am Apparat ist?
9. Rufen Sie aus einer Telefonzelle an?
10. Habe ich eine falsche Nummer gewählt?
11. Kann ich bitte eine Nachricht hinterlassen?
12. Ist es Ihnen lieber, wenn ich Sie auf Ihrem Handy anrufe?
13. Störe ich Sie?
14. Soll ich es später noch einmal versuchen?
15. Kann ich später noch einmal zurückrufen ?
16. Die Verbindung ist sehr schlecht. Können Sie wiederholen, bitte?

17 Könnten Sie auflegen und es noch einmal probieren?

18 Können Sie mir Ihren Namen buchstabieren, bitte?

19. Steht Ihre Nummer im Telefonbuch?

Comment…
… s'exprimer au téléphone ?

1. Poser des questions au téléphone

1. Pourrais-je parler à madame Huber ?
2. Puis-je parler à la maîtresse de maison ?
3. Est-ce que monsieur Hansen est là, s'il vous plaît ?
4. Pourriez-vous me passer le service après-vente ?
5. Pourriez-vous me passer le service informatique ?
6. Est-ce qu'il s'agit d'une communication internationale ou locale ?
7. Allô, qui est à l'appareil ?
8. Puis-je vous demander qui est à l'appareil ?
9. Appelez-vous d'une cabine téléphonique ?
10. Ai-je fait un mauvais numéro ?
11. Puis-je laisser un message, s'il vous plaît ?
12. Préférez-vous que je vous appelle sur votre portable ?
13. Est-ce que je vous dérange ?
14. Voulez-vous que je rappelle plus tard ?
15. Puis-je rappeler plus tard ?
16. La communication est très mauvaise. Pouvez-vous répéter, s'il vous plaît ?
17. Pourriez-vous raccrocher et essayer de rappeler ?
18. Pouvez-vous épeler votre nom, s'il vous plaît ?
19. Est-ce que votre numéro est dans l'annuaire ?

2. Am Telefon sprechen

20. Hallo, hier Sarah Mertens am Apparat.
21. Hallo, hier ist Emilies Vater.
22. Ich rufe Sie im Auftrag der Firma X an.
23. Ich rufe aus Berlin an.
24. Ich rufe auf meinem Handy an.
25. Ich fürchte, er ist nicht da, aber sie können eine Nachricht hinterlassen.
26. Ich habe bestimmt eine falsche Nummer gewählt!
27. Anstatt anzurufen können Sie uns gern ein Fax oder eine Mail schicken.
28. Ich möchte gerne ein R-Gespräch haben.
29. Ich bin unter der Nummer 05 43 21 zu erreichen.
30. Einen Moment, bitte.
31. Bleiben Sie dran, bitte.
32. Legen Sie nicht auf!
33. Bernd, es ist für Sie.
34. Ich rufe Sie später noch einmal an.
35. Ich rufe in 10 Minuten zurück.
36. Machen Sie sich keine Mühe.
37. Es tut mir Leid, die Verbindung ist sehr schlecht.
38. Meine Telefonkarte ist aufgebraucht, ich muss Schluss machen.
39. Entschuldigung, wir sind unterbrochen worden.
40. Er hat aufgelegt, ohne mir die Information zu geben!
41. Die Linie ist andauernd besetzt.
42. Ich habe Ihre Nummer im Telefonbuch gefunden.
43. Sie haben sich verwählt.
44. Hier ist meine Nummer. Rufen Sie mich mal an.
45. Lassen Sie eine Nachricht auf meinem Anrufbeantworter, falls ich nicht da bin.
46. Ich danke Ihnen für den Anruf.
47. Ich bin froh, mit Ihnen gesprochen zu haben.
48. Auf Wiederhören, bis bald.

2. Parler au téléphone

20. Allô, c'est Sarah Mertens à l'appareil.
21. Allô, je suis le père d'Émilie.
22. Je vous appelle de la part de la société X.
23. J'appelle de Berlin.
24. J'appelle depuis mon portable.
25. Je crains qu'il ne soit pas là, mais vous pouvez laisser un message.
26. J'ai dû composer un faux numéro !
27. Au lieu d'appeler, vous pouvez nous envoyer un fax ou un mail.
28. Je voudrais appeler en PCV.
29. Vous pouvez me joindre au numéro 05 43 21.
30. Un moment, s'il vous plaît.
31. Ne quittez pas, s'il vous plaît.
32. Ne raccroche pas !
33. Bernd, c'est pour vous.
34. Je rappellerai plus tard.
35. Je rappellerai dans 10 minutes.
36. Ne vous dérangez pas.
37. Je suis désolé(e), la ligne est très mauvaise.
38. Ma télécarte va être épuisée, je dois arrêter la conversation.
39. Désolé(e), nous avons été coupé.
40. Il a raccroché sans me renseigner !
41. La ligne est sans cesse occupée.
42. J'ai trouvé votre numéro dans l'annuaire.
43. Vous avez fait un mauvais numéro.
44. Voici mon numéro. Appelez-moi un de ces jours.
45. Laissez un message sur mon répondeur si je ne suis pas là.

46. Je vous remercie de votre appel.
47. Ravi(e) de cette conversation.
48. Au revoir, à bientôt.

Einfaches Telefongespräch

Jochen: Hallo! Bin ich hier bei Familie Schmidt?

Frau Schmidt: Ja, hallo. Wer ist am Apparat?

Jochen: Ich bin Jochen, der neue Schulfreund Ihrer Tochter. Kann ich mal kurz mit ihr sprechen?

Frau Schmidt: Oh, das tut mir aber schrecklich Leid. Sie ist soeben außer Haus gegangen. War es dringend?

Jochen: Aber nein! Ganz und gar nicht. Ich wollte nur etwas mit ihr besprechen und einen Termin für unsere Mathearbeit mit ihr ausmachen.

Frau Schmidt: Ich kann gerne eine Nachricht für sie hinterlassen. Oder soll sie vielleicht zurückrufen? Ich weiß aber nicht, wann genau sie nach Hause kommt. Es wird vielleicht spät...

Jochen: Nein, vielen Dank Frau Schmidt. Wenn Sie erlauben, rufe ich morgen Vormittag noch einmal bei Ihnen an. Und vielen Dank noch. Auf Wiederhören.

Frau Schmidt: Ja, tschüss Jochen, bis morgen.

Petits mots bien utiles

das Telefon	*le téléphone*
das Fax-Gerät	*le fax*
das Handy	*le téléphone portable*
faxen	*envoyer un / des fax*
simsen	*envoyer des SMS*
das Internet	
das Internet-Café	
das Smiley (s)	
die Mail (s)	*le courriel*
die Mailbox	*la messagerie*

Wie…
… spreche ich übers Wetter?

1. Nach dem Wetter fragen

1. Wie ist das Wetter heute?
2. Wie sind die Wettervorhersagen für heute?
3. Haben Sie die Wetterkarte für morgen gesehen?
4. Wird es heute Nachmittag regnen?
5. Wird es morgen schneien?
6. Scheint die Sonne mal wieder?
7. Wird es heute Abend noch so heiß sein?
8. Ist es schwül draußen?
9. Ist es kalt heute Morgen?
10. Gibt es Regen?
11. Gibt es Schnee?
12. Wird es windig?
13. Wird es hageln?
14. Wird es sich heute etwas aufhellen?
15. Gibt es ein Gewitter heute Nacht?
16. Sind Regenschauer für heute Abend vorhergesagt?
17. Glauben Sie, dass es neblig wird?
18. Wie soll das Wetter übers Wochenende sein?
19. Schön heute, nicht?
20. Wird es heute besser als gestern?
21. Welche Temperaturen waren bei Sonnenaufgang?
22. Was kann man bei einem solchen Wetter tun?
23. Stehen dicke Wolken am Himmel?

Comment…
… parler du temps qu'il fait ?

1. Demander quel temps il fait

1. Quel temps fait-il aujourd'hui ?
2. Quelles sont les prévisions météorologiques pour aujourd'hui ?
3. Avez-vous vu le bulletin météorologique pour demain ?
4. Est-ce qu'il va pleuvoir cet après-midi ?
5. Est-ce qu'il va neiger demain ?
6. Est-ce qu'on verra bientôt un peu de soleil ?
7. Fera t-il encore aussi chaud ce soir ?
8. Est-ce qu'il fait lourd dehors ?
9. Est-ce qu'il fait froid ce matin ?
10. Va-t-il pleuvoir ?
11. Va-t-il neiger ?
12. Va-t-il y avoir du vent ?
13. Y aura t-il de la grêle ?
14. Le temps va-t-il s'éclaircir aujourd'hui ?
15. Va-t-il y avoir de l'orage cette nuit ?
16. Est-ce qu'on annonce des averses pour ce soir ?
17. Croyez-vous qu'il y aura du brouillard ?
18. Quel temps va-t-il faire ce week-end ?
19. Il fait beau, n'est-ce pas ?
20. Va-t-il faire meilleur aujourd'hui qu'hier ?
21. Quelle température faisait-il au lever du soleil ?
22. Que peut-on faire par un temps pareil ?
23. Y a-t-il de gros nuages au ciel ?

2. Vom Wetter sprechen

24. Es ist schön in München.
25. Draußen ist es angenehm.
26. Es geht ein leichter Wind.
27. Heute war das Wetter abscheulich.
28. Es ist ein ganz schreckliches Wetter hier.
29. Der Himmel bedeckt sich. Vergiss deinen Regenschirm nicht.
30. Es gießt in Strömen.
31. Heute wird es hell und sonnig.
32. Nächste Woche heitert es sich auf.
33. Es könnte morgen früh neblig sein.
34. Im August sind hier oft Hundstage.
35. Bis heute Nachmittag wird es wohl regnen.
36. Es riecht nach Regen.
37. Morgen friert es.
38. Heute waren sommerliche Temperaturen.
39. Es ist Reif auf dem Fenster.
40. Hör dir mal diesen Wind an!
41. Schaut mal diese bedrohlichen Wolken.
42. Heute Morgen war es bedeckt.
43. Dieses graue Wetter stimmt mich traurig.
44. Die Temperatur ist unter Null gefallen gestern.
45. Der Schnee ist letzte Woche geschmolzen.
46. Unser Flugzeug konnte wegen Schneeböen nicht starten.
47. In Afrika ist das Klima heiß und trocken.
48. Ich bin gerne draußen in der Sonne.
49. Hoffentlich ist es morgen schön!
50. Dieser Sturm macht mich noch verrückt!

2. Parler du temps

24. Il fait beau à Munich.
25. Il fait bon dehors.
26. Il y a un petit vent.
27. Il a fait un temps épouvantable aujourd'hui.
28. Il fait un temps horrible ici.
29. Le temps se gâte. N'oublie pas ton parapluie.
30. Il pleut des cordes.
31. On va avoir un temps clair et ensoleillé aujourd'hui.
32. Il va faire bon la semaine prochaine.
33. Il se peut qu'il y ait du brouillard demain matin.
34. En août, c'est souvent la canicule ici.
35. Il est probable qu'il pleuve cette après-midi.
36. Le temps est à la pluie.
37. Il va geler demain.
38. Il y avait des températures estivales aujourd'hui.
39. Il y a du givre sur la fenêtre.
40. Écoute ce vent !
41. Regardez ces nuages menaçants.
42. C'était couvert ce matin.
43. Ce temps maussade me rend triste.
44. La température est descendue en dessous de zéro hier.
45. La neige a fondu la semaine dernière.
46. Notre avion n'a pas pu décoller à cause de rafales de neige.
47. Le climat est chaud et sec en Afrique.
48. J'aime être dehors au soleil.
49. J'espère que nous allons avoir beau temps demain !
50. Cette tempête me rend dingue !

Einfaches Gespräch

Tim: Na Opa, gut geschlafen?

Opa: Ach Junge, bei diesem Sturm macht mir mein Rheuma wieder zu schaffen...

Tim: Hast du Schmerzen? Ziehen wir nicht los?????

Opa: Doch, doch. Ich habe die Wettervorhersagen am Radio gehört. Der Sturm soll sich legen und das Wetter soll heiter werden. Wir gehen wie versprochen einen Ausflug machen. Solange es nicht regnet, ist alles okay.

Tim: Aber stell dir vor, Peter meint, in London ist es momentan neblig trotz Sommertemperaturen!

Opa: Das ist der Smog. In Großstädten ist das Klima völlig durcheinander. Da sind die Jahreszeiten fast alle gleich. Im Winter friert es nicht mehr, es schneit nicht mehr. Frühling und Herbst gibt es ohnehin nicht mehr.

Tim: Früher war alles besser Opa, was!?

Opa: Ach Junge, mein Rheuma sagt mir zumindest, dass das Wetter verrückt spielt!

Petits mots bien utiles

die Sonnenstrahlen	*les rayons solaires*
die Sonnencreme	*la crème solaire*
der Schutzfaktor	*l'indice de protection*
der Sonnenhut	*le chapeau de soleil*
die Sonnenbrille	*les lunettes de soleil*

die Hitze	*la chaleur*
die Hundstage	*la canicule*
die Erderwärmung	*le réchauffement de la planète*

ein klarer Himmel	*un ciel limpide*

der Regenschirm	*le parapluie*
der Regentropfen	*la goutte de pluie*
der Regenschauer	*l'averse*
der Platzregen	*l'ondée*
die Böen	*les rafales*
die Wolke (n)	*le nuage*

das Schneegestöber	*la tempête de neige*
der Nebel	*le brouillard*

das Barometer	*le baromètre*
das Thermometer	*le thermomètre*
der Grad	*le degré*
10 Grad unter Null	*10° en-dessous de zéro*
30 Grad Wärme	*30° (au-dessus de zéro)*
eine klirrende Kälte	*un froid de canard*

Wie...
... helfe ich mir an einem öffentlichen Ort?

1.a. Ein paar nützliche Fragen beim Arzt

1. Kennen Sie einen guten Allgemeinmediziner?
2. Soll ich einen Facharzt zu Rate ziehen?
3. Glauben Sie, dass ich Grippe habe?
4. Können Sie mir etwas gegen die Schmerzen verschreiben?
5. Wie lautet Ihre Diagnose, Herr Doktor? Geht es mir bald wieder besser?
6. Soll ich morgen wieder in die Sprechstunde kommen?
7. Soll ich dieses Medikament alle drei Stunden einnehmen?
8. Raten Sie mir, zu einem Heilgymnasten zu gehen?
9. Können Sie mir eine Salbe gegen mein Ekzem verschreiben?
10. Soll ich eine besondere Diät halten?
11. Soll ich mich vor meiner Reise impfen lassen?
12. Wie lange soll ich diese Behandlung fortsetzen?

1.b. Ein paar nützliche Ausdrücke beim Arzt

13. Ich fühle mich seit gestern Abend nicht sehr wohl.
14. Ich habe diese Nacht nicht schlafen können, weil ich Fieber hatte.
15. Ich habe Bauchschmerzen und Brechreiz.
16. Ich bin von einer Leiter gefallen und habe ein blaues Auge.
17. Ich niese andauernd und habe Halsschmerzen.
18. Im Winter habe ich oft Schnupfen.

Comment...
... se tirer d'affaire dans un lieu public ?

1.a. Quelques questions utiles chez le médecin

1. Connaissez-vous un bon généraliste ?
2. Dois-je consulter un spécialiste ?
3. Est-ce que vous pensez que j'ai la grippe ?
4. Est-ce que vous pourriez me prescrire quelque chose contre la douleur ?
5. Quel est votre diagnostic, docteur ? Est-ce que je vais bientôt aller mieux ?
6. Est-ce que je dois revenir en consultation demain ?
7. Je dois prendre ce médicament toutes les trois heures ?
8. Est-ce que vous me conseillez d'aller chez un kiné ?
9. Pourriez-vous me prescrire une pommade contre mon eczéma ?
10. Dois-je suivre un régime particulier ?
11. Est-ce que je dois me faire vacciner avant mon voyage ?
12. Combien de temps dois-je suivre ce traitement ?

1.b. Quelques expressions utiles chez le médecin

13. Je ne me sens pas très bien depuis hier soir.
14. Je n'ai pas pu dormir cette nuit parce que j'avais de la fièvre.
15. J'ai mal au ventre et des nausées.
16. Je suis tombé d'une échelle et j'ai un œil au beurre noir.
17. Je n'arrête pas d'éternuer et j'ai mal à la gorge.
18. J'attrape souvent le rhume en hiver.

19. Ich habe mir die Schulter angestoßen und habe einen dicken blauen Fleck.
20. Eine Wespe hat mich gestochen und mein Fuß ist aufgeschwollen.
21. Ich habe Kopfschmerzen, ich glaube aber nicht, dass es Migräne ist.
22. Mein Sohn ist gefallen und hat eine dicke Beule an der Stirn.
23. Ich bin allergisch auf Penizillin.
24. Ich habe mir gestern Morgen beim Joggen den Knöchel verstaucht.

2.a. Ein paar geläufige Fragen auf der Bank

25. Wo finde ich die nächstliegende Bank?
26. Welches sind die Öffnungszeiten der Bank?
27. Kann ich 2000 Euro abheben?
28. Wo kann ich Devisen eintauschen?
29. Wie ist der Devisenkurs des Dollars?
30. Brauche ich meinen Pass, um Reiseschecks einzulösen?

31. Was muss ich tun, um ein neues Scheckheft zu bestellen?

32. Kann ich einen Kredit haben?
33. Wenn ich mein Konto um weniger als 100 Euro überziehe, muss ich dann etwas zahlen?
34. Wenn die Bank zu ist, funktioniert dann der Geldautomat draußen?
35. Könnte ich bitte einen Kontoauszug haben?
36. Was für Versicherungen bieten sie an?

2.b. Ein paar geläufige Ausdrücke auf der Bank

37. Ich möchte ein Konto bei Ihrer Bank öffnen.
38. Hundert Dollar in Reiseschecks, bitte.
39. Ich möchte Geld auf mein Konto einzahlen.

19. Je me suis cogné l'épaule et j'ai un gros bleu.

20. J'ai été piqué par une guêpe et j'ai le pied enflé.

21. J'ai mal à la tête, mais je ne crois pas que ce soit une migraine.
22. Mon fils est tombé et a une grosse bosse au front.
23. Je suis allergique à la pénicilline.
24. Je me suis tordu la cheville hier matin en faisant mon jogging.

2.a. Quelques questions courantes à la banque

25. Où puis-je trouver la banque la plus proche ?
26. Quels sont les horaires d'ouverture de la banque ?
27. Est-ce que je peux faire un retrait de 2000 euros ?
28. Où puis-je échanger des devises ?
29. Quel est le taux de change du dollar ?
30. Ai-je besoin de mon passeport pour encaisser des chèques de voyage ?
31. Que dois-je faire pour commander un nouveau carnet de chèques ?
32. Est-ce que je peux avoir un crédit ?
33. Si j'ai un découvert de moins de 100 euros, dois-je payer quelque chose ?
34. Lorsque la banque est fermée, le distributeur de billets extérieur fonctionne-t-il ?
35. Pourrais-je avoir un relevé de compte, s'il vous plaît ?
36. Quel genre d'assurances proposez-vous ?

2.b. Quelques expressions courantes à la banque

37. Je voudrais ouvrir un compte dans votre banque.
38. Cent dollars en chèques de voyage, s'il vous plaît.
39. J'aimerais faire un dépôt sur mon compte.

40. Ich muss Ihnen mitteilen, dass meine Kreditkarte gestohlen wurde.
41. Zwanzig Dollar in kleinen Scheinen, bitte.
42. Wenn es möglich ist, möchte ich meine Wertsachen in einem Safe deponieren.
43. Hoffentlich habe ich diesen Monat mein Konto nicht überzogen.
44. Ich habe meinen Geheimcode vergessen.
45. Ich möchte Geld von meinem Girokonto auf mein Sparkonto überweisen.
46. Ich möchte mehr über die Börse wissen und Aktien kaufen.

47. Ich habe mein Gespartes anbrechen müssen, um meine Steuern zu bezahlen.
48. Meine Telefonrechnung wird automatisch abgebucht.

3.a. Ein paar geläufige Fragen im Restaurant

49. Könnten sie mir ein gutes Restaurant empfehlen?
50. Muss man in der Woche reservieren?
51. Ist noch ein Tisch frei?
52. Kann ich einen Platz im Raum für Nicht-Raucher haben?
53. Könnte ich den Tisch am Fenster haben?
54. Was empfehlen Sie mir als Vorspeise?
55. Was ist das Tagesmenü?
56. Könnte ich die Weinkarte haben?
57. Welches sind die hiesigen Spezialitäten?
58. Welchen Wein empfehlen Sie mir zu den Muscheln?
59. Gibt es ein Kindermenü?
60. Haben Sie auch vegetarische Gerichte?
61. Wie ist dieses Gericht zubereitet?
62. Könnten Sie uns noch etwas Tee servieren, bitte?
63. Könnten Sie die Rechnung überprüfen? Wie es scheint, stimmt sie nicht.

40. Je dois vous aviser que ma carte de crédit a été volée.

41. Vingt dollars en petites coupures, s'il vous plaît.
42. Si cela est possible, j'aimerais déposer mes objets de valeur dans un coffre.
43. J'espère que je ne suis pas à découvert, ce mois-ci.
44. J'ai oublié mon code confidentiel.
45. Je voudrais effectuer un virement de mon compte courant sur mon compte épargne.
46. J'aimerais en savoir plus sur la Bourse et acheter des actions.
47. J'ai dû puiser dans mes économies pour payer mes impôts.
48. Je paie ma facture de téléphone par prélèvement automatique.

3.a. Quelques questions courantes que l'on pose au restaurant

49. Pourriez-vous me recommander un bon restaurant ?
50. Est-ce nécessaire de réserver en semaine ?
51. Vous reste-t-il encore une table ?
52. Puis-je avoir une place dans la salle non-fumeur ?
53. Est-ce que je pourrais avoir la table près de la fenêtre ?
54. Qu'est-ce que vous me recommandez comme entrée ?
55. Quel est le plat du jour ?
56. Est-ce que je pourrais avoir la carte des vins ?
57. Quelles sont les spécialités locales ?
58. Quel vin me conseillez-vous avec les moules ?
59. Y a-t-il un menu pour enfant ?
60. Est-ce que vous proposez des plats végétariens ?
61. Comment ce plat est-il préparé ?
62. Pourriez-vous encore nous servir du thé, s'il vous plaît ?
63. Pourriez-vous vérifier l'addition ? Il semblerait qu'elle ne soit pas juste.

3.b. Ein paar geläufige Ausdrücke im Restaurant

64. Einen Tisch für vier Personen, bitte.
65. Herr Ober! Die (Speise)Karte, bitte.
66. Wir nehmen zuerst drei hausgemachte Pasteten.
67. Als Vorspeise nehme ich den Spargel.
68. Ich möchte Wasser haben.
69. Wir nehmen zwei Steaks: eins englisch und das andere medium.
70. Es muss ein Irrtum sein: das habe ich nicht bestellt.

71. Bringen Sie mir noch eine Flasche Wein, bitte.
72. Ein Haar schwimmt in meiner Suppe.
73. Zahlen, bitte.
74. Es war ausgezeichnet!
75. Dieser schwarze Mantel gehört mir nicht. Meiner ist braun.
76. Ich suche ein Restaurant, das Gerichte zum Mitnehmen macht.

4.a. Ein paar geläufige Fragen in einem Kaufhaus

77. Bitte, wo ist die Spielzeugabteilung?
78. Wo sind die Umkleidekabinen?
79. Diese Seidenbluse hat einen Fehler. Machen Sie mir einen kleinen Rabatt, wenn ich sie kaufe?
80. Kann ich diesen Mantel anprobieren?
81. Wozu raten Sie mir?
82. Wie lange machen Sie Rabatte?
83. Kann dieser Pullover umgetauscht werden, falls er nicht passt?
84. Kann man bei Ihnen auch Sportschuhe kaufen?
85. Könnten sie mir die verschiedenen Computer zeigen, die Sie im Geschäft haben?
86. Wo finde ich den Verkäufer der Musikabteilung?
87. Ich suche ein Geschenk für meinen Freund. Haben Sie vielleicht eine Idee?

3.b. Quelques expressions courantes au restaurant

64. Une table pour quatre personnes, s'il vous plaît.
65. Garçon ! La carte, s'il vous plaît.
66. On prendra trois pâtés maison pour commencer.
67. En entrée, je prendrai les asperges.
68. Je voudrais de l'eau.
69. On prendra deux steaks : un saignant et un à point.

70. Il y a sûrement une erreur ; ce n'est pas ce que j'ai commandé.
71. Apportez-moi une autre bouteille de vin, s'il vous plaît.
72. Il y a un cheveu dans ma soupe.
73. L'addition, s'il vous plaît.
74. C'était excellent !
75. Ce manteau noir n'est pas le mien. Le mien est brun.
76. Je cherche un restaurant de plats à emporter.

4.a. Quelques questions courantes dans un grand magasin

77. Où se trouve le rayon jouets, s'il vous plaît ?
78. Où sont les cabines d'essayage ?
79. Ce chemisier en soie a un défaut. Pourriez-vous me faire une petite remise si je l'achète ?
80. Puis-je essayer ce manteau ?
81. Que me conseillez-vous ?
82. Combien de temps faites-vous des rabais ?
83. Est-il possible d'échanger ce pull-over s'il ne convient pas ?
84. Est-ce que vous vendez aussi des chaussures de sport ?
85. Pourriez-vous me montrer les différents ordinateurs que vous avez en magasin ?
86. Où puis-je trouver le vendeur du rayon musique ?
87. Je cherche un cadeau pour mon ami. Avez-vous une idée ?

88. Was kostet das?
89. Haben Sie diesen Schal in anderen Farben?
90. Haben Sie vielleicht etwas Billigeres?
91. Kann ich mit der Kreditkarte bezahlen?
92. Kann ich meine Artikel an dieser Kasse bezahlen?

4.b. Ein paar geläufige Ausdrücke in einem Kaufhaus

93. Bitte, ich brauche Ihre Hilfe.
94. Ich möchte mich nur etwas umschauen, sonst nichts.
95. Ich möchte mir die rote Ledertasche ansehen, die im Schaufenster steht.
96. Die Küchengeräte sind einen Stock höher, nicht wahr?

97. Ich möchte Ihnen diesen DVD-Recorder zurückbringen. Er scheint defekt zu sein.
98. Diese Uhr gefällt mir gut. Ich nehme sie.
99. Diese Hose ist mir zu schick. Ich möchte etwas Sportlicheres.
100. Es tut mir leid, aber diese Jacke ist zu klein.
101. Ich habe Schuhgröße 44.
102. Ich möchte diese Hose eine Nummer größer anprobieren.
103. Ich möchte eine Tüte für meine Einkäufe haben.
104. Ich habe einen 30-Euro-Gutschein und möchte diesen Artikel damit kaufen.
105. Dieses Radio funktioniert nicht, es steht aber noch unter Garantie.
106. Ich möchte nicht mehr als 20 Euro für dieses Geschenk ausgeben.
107. Ich habe dieselbe Lampe letzten Monat gekauft und bin sehr zufrieden damit.
108. Sie haben eine große Auswahl. Ich kann mich nicht entscheiden.

88. Combien cela coûte-t-il ?
89. Avez-vous cette écharpe dans d'autres coloris ?
90. Vous avez quelque chose de moins cher ?
91. Puis-je régler par carte bancaire ?
92. Puis-je payer mes articles à cette caisse ?

4.b. Quelques expressions courantes dans un grand magasin

93. J'ai besoin d'aide, s'il vous plaît.
94. Je voudrais seulement jeter un coup d'œil, c'est tout.
95. Je voudrais voir le sac rouge en cuir qui se trouve en vitrine.
96. Les ustensiles de cuisine se trouvent à l'étage au-dessus, n'est-ce pas ?
97. Je voudrais vous retourner ce lecteur DVD. Il semble défectueux.
98. Cette montre me plaît bien. Je la prends.
99. Ce pantalon est trop chic. Je voudrais bien quelque chose de plus décontracté.
100. Désolé, cette veste est trop petite.
101. Je chausse du 44.
102. J'aimerais essayer ce pantalon dans une taille au-dessus.
103. Je voudrais un sac pour mettre mes achats.
104. J'ai un avoir de 30 euros que je voudrais utiliser pour l'achat de cet article.
105. Cette radio ne fonctionne pas, mais elle est encore sous garantie.
106. Je ne veux pas mettre plus de vingt euros dans ce cadeau.
107. J'ai acheté la même lampe le mois dernier et j'en suis très content.
108. Il y a beaucoup de choix. Je n'arrive pas à me décider.

Einfaches Gespräch

Eine Dame in der Umkleidekabine

Die Dame: Fräulein, bitte. Könnten Sie mir behilflich sein?

Die Verkäuferin: Aber ja, selbstverständlich. Passt die Hose nicht?

Die Dame: Nein, sie ist viel zu eng. Hätten sie eine oder sogar zwei Nummern größer?

Die Verkäuferin: Ich muss mal im Lager nachsehen. Wissen Sie, wir hatten letzte Woche Sonderpreise und die Teile sind wie warme Semmeln weggegangen...

Die Dame: Wie Schade, dass ich das nicht gewusst habe! Ich hätte natürlich auch lieber weniger bezahlt. Aber ich bin schon froh, wenn Sie meine Größe noch haben...

Die Verkäuferin: Wir haben Ihre Größe noch. Und einen Rabatt können Sie auch diese Woche noch haben. Die Geschäfte müssen ja schließlich weiter laufen.

Die Dame: Ich nehme die Hose auch noch in einer anderen Farbe. So günstig kriege ich sie nie wieder. Und ich möchte mich noch etwas umsehen und schauen, was Sie sonst noch so haben.

Die Verkäuferin: Ja, klar! Nehmen Sie sich ruhig Zeit. Ich packe Ihre Hosen schon einmal in eine Tüte...

Brot	im Tabakgeschäft
Fleisch	am Kiosk
Fisch	auf dem Postamt
Bücher	in der Buchhandlung
Schuhe	in der Bäckerei
Kuchen	in der Metzgerei
Medikamente	im Fischladen
Blumen	im Schuhgeschäft
Parfum	in der Apotheke / beim Arzt
Obst -und Gemüse	im Sportwarengeschäft
Zeitungen und Zeitschriften	im Spielwarengeschäft
Tabakwaren	in der Gärtnerei
Geld	in der Parfümerie
Spielzeug	im Obst-und Gemüseladen
Briefmarken	bei der Bank
Sportkleidung	in der Konditorei

Wie...
... beschreibe ich Orte, wie zeige ich den Weg?

1. Fragen über Orte und Wege

1. Ist ein Parkplatz in der Nähe?
2. Wissen Sie, wo ich Geld abheben kann?
3. Wissen Sie, ob irgendwo ein Postamt ist?
4. Wo ist das Einkaufszentrum?
5. Bitte, wo ist die nächsteTankstelle?
6. Können Sie mir sagen, wo die nächste Bank ist?
7. Ist hier irgendwo eine U-Bahn-Station?
8. Ist der Bahnhof weit vom Zentrum entfernt?
9. Ich möchte zum Flughafen. Wie weit ist es von hier?
10. Könnten sie mir sagen, wie lange man braucht, um ins Barviertel zu kommen?
11. Können Sie mir sagen, wo ich hier einen Blumenladen finde?
12. Welche Buslinie muss ich nehmen?
13. In welche Richtung muss ich gehen, um ins Schwimmbad zu kommen?
14. Muss ich über die Brücke gehen?
15. Welche Straße muss ich nehmen, um auf die Autobahn zu kommen?
16. Ist die Autobahn der einzigeWeg, um in die nächste Stadt zu kommen?
17. Könnten Sie mir auf der Karte zeigen, wo die Pragerstraße ist?

Comment…
… décrire des situations géographiques et indiquer des itinéraires ?

1. Questionner sur des localisations et des itinéraires

1. Y a-t-il un parking près d'ici ?
2. Savez-vous où je peux retirer de l'argent ?
3. Savez-vous s'il y a un bureau de poste quelque part ?
4. Où se trouve le centre commercial ?
5. Où se trouve la station service la plus proche, s'il vous plaît ?
6. Pouvez-vous me dire où est la banque la plus proche ?
7. Y a-t-il une station de métro quelque part ?
8. Est-ce que la gare est loin du centre ville ?
9. J'aimerais aller à l'aéroport. À quelle distance est-ce d'ici ?
10. Pourriez-vous me dire combien de temps il faut pour aller dans le quartier des bars ?
11. Pouvez-vous me dire où je pourrais trouver un fleuriste ?
12. Quelle ligne de bus dois-je prendre ?
13. Quelle direction dois-je prendre pour aller à la piscine ?
14. Est-ce que je dois traverser le pont ?
15. Quelle route dois-je emprunter pour rejoindre l'autoroute ?
16. L'autoroute est-elle le seul chemin pour aller dans la ville voisine ?
17. Pourriez-vous me montrer où se trouve la rue de Prague sur la carte ?

18. Was meinen Sie? Sollte ich mit dem Wagen fahren oder doch lieber mit der Metro?
19. Entschuldigung, ich suche das Polizeipräsidium. Wo ist es?
20. Ist das die Richtung zum Hotel „die Vier Jahreszeiten“?
21. Ich glaube, ich habe mich verlaufen/verfahren. Können Sie mir helfen?
22. Welches ist der einfachste Weg, um aus der Stadt zu kommen?
23. Muss ich nach rechts oder nach links gehen/fahren?

2. Orte beschreiben und den Weg zeigen

24. Ich muss diese Adresse finden.
25. Genau gegenüber der Kirche ist eine Bäckerei.
26. Die Apotheke befindet sich zwischen dem Metzger und dem Zeitungsladen.
27. Das italienische Restaurant ist oben auf dem Hügel, in der Kölnerstraße.
28. Die Bibliothek befindet sich an der Straßenecke, zwischen der Hauptstraße und der Metzingerstraße.
29. Es ist kein Geschäft in diesem Viertel, außer einem kleinen Lebensmittelgeschäft.
30. Am Ende des Boulevards finden Sie eine Autowaschanlage.
31. Das Rathaus ist am Ende der Lindenstraße.
32. Das Labor liegt in halber Entfernung von hier, gleich nach dem Hochhaus.
33. Das Stadion ist in der zweiten Straße rechts.
34. Es ist ein Friseur in der Einkaufspassage.
35. Schauen Sie mal auf die Karte! Der nächste Vorort ist 16 Kilometer von hier entfernt.
36. Der Radweg führt an dem ganzen Hafen entlang und beginnt einige Meter von hier.

18. Qu'en pensez-vous ? Je devrais prendre la voiture ou plutôt le métro ?
19. Excusez-moi, je cherche le poste de police. Où se trouve-t-il ?
20. Est-ce la bonne direction pour trouver l'hôtel des Quatre Saisons ?
21. Je crois que je suis perdu. Pouvez-vous m'aider ?

22. Quel est l'itinéraire le plus facile pour sortir de la ville ?

23. Dois-je prendre à droite ou à gauche ?

2. Exprimer la localisation et indiquer un itinéraire

24. Je dois trouver cette adresse.
25. Il y a une boulangerie juste en face de l'église.
26. La pharmacie se trouve juste entre le boucher et le magasin de journaux.
27. Le restaurant italien se situe en haut de la colline, rue de Cologne.
28. La bibliothèque est à l'angle de la rue principale et de la rue Metzinger.
29. Il n'y a pas de magasins dans ce quartier, mis à part une petite épicerie.
30. Il y a une station de lavage de voiture au bout du boulevard.
31. La mairie se trouve au bout de la rue des Tilleuls.
32. Le laboratoire est à mi-chemin d'ici, juste après le grand building.
33. Le stade est dans la deuxième rue sur votre droite.
34. Il y a un coiffeur dans la galerie marchande.
35. Regardez la carte ! La banlieue la plus proche est à 16 kilomètres.
36. La piste cyclable longe tout le port et commence à quelques mètres d'ici.

37. Fahren Sie auf die Autobahn, bis zur zweiten Ausfahrt, Richtung Stadion.
38. Fahren Sie diese Allee hinunter bis zu den ersten Ampeln.

39. Biegen Sie links in die Gasse ein und fahren Sie an dem Supermarkt vorbei.
40. Biegen Sie in die erste Straße rechts und dann gleich links ein.
41. Die Bank ist in der dritten Straße links nach dem Kino.

42. Laufen Sie auf dem Bürgersteig immer geradeaus und biegen Sie ja nicht vor der Autowerkstatt ab!
43. Gehen Sie geradeaus über diesen Platz.
44. Da reger Verkehr herrscht, sollten sie lieber über den Zebrastreifen gehen.
45. Achtung Baustelle!
46. Diese Stadt ist schrecklich! Man steht andauernd. im Stau
47. Wenn Sie den Markt sehen, sind Sie angekommen!
48. Sie müssen nach links abbiegen und an dem Antiquariatgeschäft vorbeilaufen.
49. Sie können die Straße nicht verfehlen. Aber passen Sie auf, es ist eine Einbahnstraße!
50. Sie brauchen nur den Schildern nachzufahren, Sie können sich gar nicht verfahren.

37. Prenez l'autoroute, puis la deuxième sortie en direction du stade.
38. Descendez cette avenue jusqu'aux premiers feux de circulation.
39. Tournez à gauche dans la ruelle et passez devant le supermarché.
40. Prenez la première à droite puis tournez immédiatement à gauche.
41. La banque se situe dans la troisième rue à gauche après le cinéma.
42. Continuez tout droit sur ce trottoir et ne tournez surtout pas avant le garage!
43. Traversez tout droit cette place.
44. Comme il y a beaucoup de circulation, vous devriez prendre le passage pour piétons.
45. Attention travaux !
46. Cette ville est épouvantable. Il y a tout le temps des bouchons.
47. Quand vous verrez le marché, vous serez arrivés !
48. Vous devez tourner à gauche et passer devant le bouquiniste.
49. Vous ne pouvez pas manquer la rue. Mais attention, elle est en sens interdit !
50. Vous n'avez qu'à suivre les panneaux, vous ne pouvez pas vous tromper.

Einfaches Gespräch

Ein Tourist: Entschuldigen Sie bitte, ich habe mich verlaufen, fürchte ich. Können Sie mir sagen, wo ich auf den Marktplatz komme?

Ein Passant: Aber ja, gerne! Sie sind in der falschen Richtung! Sie müssen umkehren und dann immer geradeaus laufen. Einen Kilometer ungefähr. Dann kommen Sie an eine Kreuzung. Schlagen Sie die erste Straße rechts ein.

Ein Tourist: Vielen Dank! Ich bin zum ersten Mal hier und habe noch keinen Stadtplan gefunden.

Ein Passant: Stadtpläne kriegen sie gratis in unserer Stadt. Wenn sie auf dem Marktplatz sind, sehen Sie neben dem Rathaus das Fremdenverkehrsamt. Gehen Sie einfach rein und bitten um einen Stadtplan. Die haben vielleicht auch noch andere Prospekte, die Sie über unsere Stadt informieren könnten.

Ein Tourist: Nochmals herzlichen Dank! Das ist sehr freundlich von Ihnen. Ich werde Ihrem Rat folgen. Wenn ich den Marktplatz gefunden habe und mich nicht wieder verlaufe!!!!

Ein Passant: Ach, Sie werden sehen, so kompliziert ist die Stadtmitte gar nicht. Am besten, Sie studieren mal auf dem Plan die Einteilung der Stadt, merken sich die wichtigen Straßennamen und Plätze. Das geht dann schon von ganz allein.
Verbringen sie eine schöne Zeit bei uns. Tschüss!

Le danger signalé

Gefahrstelle

Baustelle

Fußgänger

Kreuzung

Gefälle

Kurve (rechts)

Steigung

Stau

Schnee-Eisglätte

Gegenverkehr

Schleudergefahr

Kinder

Wie...
... helfe ich mir während einer Reise?

1.a. Fragen, wenn man mit dem Zug fährt

1. Wo sind die Schalter?
2. Um wieviel Uhr fährt der erste Zug nach Berlin?
3. Könnten Sie mir den Fahrplan der Züge nach London angeben?
4. Was kostet die Fahrkarte?
5. Ist es billiger, wenn man eine einfache Fahrt oder eine Hin-und Rückfahrt kauft?
6. Ich habe meinen Ermäßigungsausweis verloren. Muss ich jetzt voll zahlen?
7. Kostet es mehr, wenn man reserviert?
8. Welchen Platz möchten Sie?
9. Sind noch Plätze erster Klasse frei?
10. Gibt es in Deutschland noch Abteile für Raucher?
11. Von welchem Gleis fährt der 10 Uhr Zug nach Rom?

12. Wo ist der Speisewagen?
13. Ist es eine direkte Verbindung oder muss ich umsteigen?

14. Wann kommt der nächste Zug aus München?
15. Hatten Sie eine angenehme Fahrt?

1.b. Nützliche Sätze, wenn man mit dem Zug fährt

16. Die Fahrkarte von Paris nach Berlin hat mich fast 200 Euro gekostet!
17. Ich hätte lieber einen Platz am Fenster, wenn's möglich ist.

Comment...
... se débrouiller en voyage ?

1.a. Quelques questions pour prendre le train

1. Où se trouvent les guichets ?
2. À quelle heure part le premier train pour Berlin ?
3. Pourriez-vous m'indiquer les horaires des trains à destination de Londres ?
4. Combien coûte le billet ?
5. Est-il plus avantageux d'acheter un aller simple ou un aller-retour ?
6. J'ai perdu ma carte de réduction. Est-ce que je dois payer plein tarif ?
7. Y a-t-il un supplément si l'on prend une réservation ?
8. Quelle place voulez-vous ?
9. Reste-t-il des places en première classe ?
10. Y a-t-il encore des wagons fumeurs en Allemagne ?
11. De quel quai part le train de 10 heures à destination de Rome ?
12. Où se trouve le wagon-restaurant ?
13. Est-ce un direct ou bien dois-je prendre une correspondance ?
14. Quand arrive le prochain train de Munich ?
15. Vous avez fait bon voyage ?

1.b. Phrases utiles quand on prend le train

16. Le billet Paris-Berlin m'a coûté presque 200 euros!

17. Je préférerais une place côté fenêtre, si c'est possible.

18. Ich möchte Plätze reservieren in dem ICE nach Köln.
19. Sie müssen sofort in den Zug steigen, sonst fährt er ohne Sie los!
20. Die Fahrt in dem TGV von Paris nach Marseille dauert drei Stunden.
21. Wir sind im Zug Brüssel-Köln.
22. Ich muss zweimal umsteigen.
23. Dieser Zug fährt über Weimersdorf.
24. Es wäre besser, wenn Sie beim nächsten Aufenthalt aussteigen würden.
25. Ich habe mein Gepäck zur Aufbewahrung gegeben, bis ich meinen Anschluss kriege.
26. Seit es Hochgeschwindigkeitszüge gibt, reserviere ich keinen Liegewagen mehr.
27. Es stört mich nicht, mit der S-Bahn zur Arbeit fahren zu müssen.
28. Entschuldigung, mein Zug hatte Verspätung.
29. Hoffentlich wird die Reise nicht zu stressig!
30. Ich rufe an, sobald ich angekommen bin.

2.a. Einige Fragen, wenn man fliegt

31. Können Sie mir sagen, wann der Flug geht?
32. Wie teuer ist ein Flug Lyon-Berlin wochentags?
33. Welche Fluggesellschaft hat die niedrigsten Preise?
34. Kann ich einen Flug vorher haben?
35. An welches Gate soll ich gehen?
36. Haben Sie Ihre Bordkarte?
37. Wird eine Mahlzeit während des Flugs serviert?
38. Darf ich diese Tasche mit in die Kabine nehmen oder ist sie zu dick?
39. Ist das Flugzeug wirklich das sicherste Transportmittel?
40. Können Sie mir sagen, wo Gate 6 ist?

18. Je voudrais réserver des places dans le rapide interurbain pour Cologne.
19. Vous devez monter immédiatement dans le train, sinon il partira sans vous !
20. Le trajet Paris-Marseille en TGV dure trois heures.

21. Nous sommes dans le train Bruxelles-Cologne.
22. Je dois changer deux fois.
23. Ce train dessert Weimersdorf.
24. Vous feriez mieux de descendre au prochain arrêt.

25. J'ai mis mes bagages à la consigne en attendant ma correspondance.
26. Depuis l'arrivée des trains rapides, je ne réserve plus de wagon-couchettes.
27. Cela ne me dérange pas de prendre le RER pour aller travailler.
28. Désolé, mon train avait du retard.
29. J'espère que le voyage ne sera pas trop pénible !
30. Je vous appellerai en arrivant.

2.a. Quelques questions pour prendre un avion

31. Pouvez-vous me dire à quelle heure est le vol ?
32. Quel est le prix d'un vol Lyon-Berlin en semaine ?
33. Quelle compagnie aérienne pratique les prix les plus bas ?
34. Est-ce que je peux prendre un vol avant ?
35. À quelle porte d'embarquement dois-je me rendre ?
36. Avez-vous votre carte d'embarquement ?
37. Est-ce qu'on sert un repas durant le vol ?
38. Est-ce que je peux garder ce sac en cabine ou est-il trop gros ?
39. L'avion est-il vraiment le moyen de transport le plus sûr ?
40. Pouvez-vous me dire où est la porte d'embarquement n° 6 ?

41. Gibt es eine direkte Busverbindung zwischen dem Flughafen und dem Stadtzentrum?
42. Leiden Sie an Luftkrankheit?

2.b. Nützliche Sätze, wenn man fliegt

43. Ich fliege mit der nächsten Maschine nach Wien.
44. Das Flugzeug startet in einer halben Stunde.
45. Wir landen in einer Stunde.
46. Da es ein Charter-Flug ist, müssen wir in Frankfurt zwischenlanden.
47. Fragen Sie den Steward, wie lange die Zwischenlandung dauert.
48. Falls ein Streik ausgerufen wird, startet unser Flugzeug vielleicht nicht.
49. Ich habe das Gepäck aufgegeben und bin durch die Sicherheitskontrollen gegangen.
50. Ich ertrage die Warterei nicht bei der Gepäckabholung.
51. Falls Ihre Koffer zu schwer sein sollten, stehen Kofferkulis zur Verfügung.
52. Es könnte Turbulenzen geben.
53. Legen Sie Ihren Sicherheitsgurt an, bitte.
54. Ich muss Medikamente gegen die Luftkrankheit kaufen.
55. Nach einem Zeitunterschied habe ich Mühe, mich zu erholen.
56. Hoffentlich haben wir Zeit in den Duty-free-Shop zu gehen.

3.a. Fragen, wenn man ein Taxi nimmt

57. Kann ich ein Taxi rufen?
58. Könnten Sie mich an den Bahnhof fahren?
59. Wo ist die nächste Taxistation?
60. Nehmen Sie Gäste mit eingeschränkter Mobilität?
61. Wie lange dauert die Fahrt bis in die Stadtmitte?

41. Y a-t-il une navette qui mène directement de l'aéroport au centre ville ?
42. Souffrez-vous du mal de l'air ?

2.b. Phrases utiles quand on prend l'avion

43. Je prends le prochain vol pour Vienne.
44. L'avion décolle dans une demi-heure.
45. Nous allons atterrir dans une heure.
46. Comme c'est un charter, nous devons faire escale à l'aéroport de Francfort.
47. Demandez au steward combien de temps dure l'escale.
48. En cas de grève, notre avion ne décollera peut-être pas.
49. J'ai enregistré les bagages et passé les contrôles de sécurité.
50. Je ne supporte pas d'attendre pour récupérer mes bagages.
51. Si vos valises sont trop lourdes, des chariots sont disponibles.
52. Il se peut qu'il y ait des turbulences.
53. Attachez votre ceinture de sécurité, s'il vous plaît.
54. Il faut que j'achète des médicaments contre le mal de l'air.
55. J'ai du mal à récupérer après un décalage horaire.
56. J'espère que nous aurons le temps d'aller à la boutique hors taxes.

3.a. Quelques questions quand on prend un taxi

57. Est-ce que je peux appeler un taxi ?
58. Pourriez-vous me conduire à la gare ?
59. Où est la station de taxi la plus proche ?
60. Prenez-vous des clients à mobilité réduite ?
61. Quelle est la durée du trajet pour se rendre au centre ville ?

62. Muss ich einen Zuschlag bezahlen für zwei schwere Gepäckstücke?
63. Nehmen Sie Schecks und Kreditkarten?

3.b. Nützliche Sätze, wenn man mit dem Taxi fährt

64. Zum Hotel Adlon, bitte.
65. Sie können mich vor dem Hotel abholen.
66. Ich weiß, wie man hinkommt. Ich zeige Ihnen den Weg.
67. Schneller, bitte. Ich habe es sehr eilig.
68. Die Fahrt darf nicht über 10 Euro gehen.
69. Halten Sie an der nächsten Straßenecke, bitte.
70. Warten Sie bitte auf mich. Es dauert nicht lange.
71. Halten Sie hier. Ich möchte, dass Sie auf mich warten, bis ich Geld am Automaten geholt habe.

4.a. Sich erkundigen während eines Hotelaufenthaltes

72. Wie teuer ist ein Einbettzimmer für zwei Nächte?

73. Ist es billiger, wenn wir wöchentlich reservieren?
74. Haben Sie Zimmer mit Blick aufs Meer?
75. Ist das Frühstück im Preis inbegriffen?
76. Gibt es ein Babysitting-Service in diesem Hotel?
77. Könnte ich den Schlüssel von Zimmer 9 haben, bitte?

78. Könnten Sie mich um Punkt sechs wecken?
79. Bis wann bleibt die Bar geöffnet?
80. Ist ein Nichtraucherzimmer verfügbar?

4.b. Nützliche Sätze während eines Hotelaufenthalts

81. Gewöhnlich steige ich in einem Dreisternehotel ab.
82. Ich denke, wir bleiben eine Nacht.
83. Ich bleibe etwas länger.

62. *Y a-t-il un supplément pour deux gros bagages ?*

63. *Prenez-vous les chèques et les cartes de crédit ?*

3.b. Phrases utiles quand on prend un taxi

64. *À l'hôtel Adlon, s'il vous plaît.*
65. *Vous pouvez me prendre devant l'hôtel.*
66. *Je sais comment y aller. Je vous indiquerai le chemin.*
67. *Plus vite, s'il vous plaît. Je suis très pressé.*
68. *La course ne doit pas excéder 10 euros.*
69. *Arrêtez-moi au prochain coin de rue, s'il vous plaît.*
70. *Attendez-moi, s'il vous plaît. Ce ne sera pas long.*
71. *Arrêtez-vous ici. Je voudrais que vous m'attendiez, le temps de prendre de l'argent à la billetterie.*

4.a. S'informer lors d'un séjour à l'hôtel

72. *Combien facturez-vous deux nuits pour une personne seule ?*
73. *Est-ce que c'est moins cher si nous réservons à la semaine ?*
74. *Y a-t-il des chambres avec vue sur la mer ?*
75. *Est-ce que le petit-déjeuner est compris ?*
76. *Y a-t-il un service baby-sitting dans cet hôtel ?*
77. *Est-ce que je pourrais avoir la clé de la chambre 9 s'il vous plaît ?*
78. *Pourriez-vous me réveiller à 6 heures précises ?*
79. *Jusqu'à quelle heure le bar reste-il ouvert ?*
80. *Avez-vous des chambres non fumeurs ?*

4.b. Phrases utiles durant un séjour à l'hôtel

81. *Je descends habituellement dans un hôtel trois étoiles.*
82. *Je pense que nous allons rester une nuit.*
83. *Je vais rester un peu plus longtemps.*

84. Ich möchte ein Zimmer für zwei Personen reservieren, mit Dusche.
85. Entschuldigung, ich habe nicht reserviert.
86. Ich habe noch nicht entschieden, wie lange ich bleibe.
87. Dieses Zimmer gefällt mir nicht. Es ist zu laut.
88. Ich habe den Zimmerschlüssel verloren!
89. Das WC ist verstopft. Das müsste vor heute Abend repariert sein!
90. Sie müssten mir erklären, wie man die Klimaanlage ausschaltet. Ich ertrage sie nicht.
91. Wir müssten so gegen 20 Uhr ankommen.
92. Ich brauche ein Zimmer mit Kabelfernsehen, Fax und Internetanschluss.
93. Die Zimmer müssen spätestens vor 12 Uhr geräumt werden.
94. Das Hotelpersonal ist diskret und hilfsbereit.

5.a. Fragen beim Campen

95. Sind Geschäfte in der Nähe?
96. Wissen Sie, wo wir einen sauberen Campingplatz finden können?
97. Welches ist der Tarif für vier Personen und zwei Zelte?
98. Kann ich mir die sanitären Einrichtungen ansehen, bevor ich mich hier niederlasse?
99. Welches sind die Vorschriften auf diesem Campingplatz?

5.b. Nützliche Sätze beim Campen

100. Wildes Campen ist verboten.
101. Wir würden gern unser Zelt hier aufschlagen.
102. Falls es nachts zu viel Lärm gäbe, müssen Sie den Wärter benachrichtigen.
103. Wenn nicht zu viele Leute da sind, ist es nett, hier.
104. Man muss jung sein, um das alles zu ertragen!

84. *Je voudrais réserver une chambre pour deux personnes avec douche.*
85. *Désolé, je n'ai pas réservé.*
86. *Je n'ai pas encore décidé combien de temps je resterai.*
87. *Cette chambre ne me convient pas. Elle est trop bruyante.*
88. *J'ai perdu la clé de la chambre !*
89. *Les toilettes sont bouchées. Il faudrait réparer cela avant ce soir !*
90. *Il faudrait me dire comment couper la climatisation. Je ne la supporte pas.*
91. *Nous devrions arriver vers 20 heures.*
92. *J'ai besoin d'une chambre avec câble, fax et liaison internet.*
93. *Les chambres doivent être libérées au plus tard avant midi.*
94. *Le personnel de l'hôtel est discret et serviable.*

5.a. Quelques questions en camping

95. *Y a-t-il des commerces à proximité ?*
96. *Savez-vous où nous pourrons trouver un camping propre ?*
97. *Quel est le tarif pour quatre personnes et deux tentes ?*
98. *Puis-je voir les sanitaires avant de m'installer ?*
99. *Quel est le règlement dans ce camping ?*

5.b. Phrases utiles en camping

100. *Le camping sauvage est interdit.*
101. *Nous aimerions installer notre tente ici.*
102. *Il faudra prévenir le gardien s'il y avait trop de bruit la nuit.*
103. *Quand il n'y a pas trop de monde, c'est sympa ici.*
104. *Il faut être jeune pour supporter tout cela !*

Einfaches Gespräch

Touristin: Taxi!!!!! Hallo, Taxi!!!!!!!
Ich will ins Hotel "Zum Glöckchen". Könnten Sie mich da hinfahren? Aber ich möchte vorher wissen, wie teuer die Fahrt kommt...

Taxifahrer: Hotel "Zum Glöckchen"?? Das liegt in der Stadtmitte, in der Altstadt, in der Nähe des Doms. Ich fahre Sie für 11 Euro hin. Geht das so?

Touristin: Ja, das geht. Wissen Sie, ich bin Studentin und muss halt auf mein Geld aufpassen, wenn ich etwas von der Stadt haben will. Der Flug hat mich ein Vermögen gekostet.

Taxifahrer: Tja, Sie hätten trampen sollen! Aber heutzutage ist das zu gefährlich.
Machen Sie sich mal keine Sorgen, wenn Sie das Hotel zu teuer kommt, können Sie immer noch campen oder in eine Jugendherberge überwechseln. Adressen werden Sie überall finden.

Touristin: Ich werde schon sehen, wie lange mein Geld ausreicht. Ich brauche ja nicht ins Restaurant zu gehen, kann mir Lebensmittel mit aufs Zimmer nehmen. Wenn man eine Stadt kennen lernen will, muss man sowieso zu Fuß gehen. Bus oder Metro bringen das nicht. Da weiß man ja gar nicht, wo man ist, wenn man aussteigt und hat auch keine Ahnung von der Strecke, die man gefahren ist.
Es wird schon alles gut gehen. Danke für die Fahrt. Hier die 11 Euro...

Taxifahrer: Machen Sie's gut und genießen Sie die Stadt...

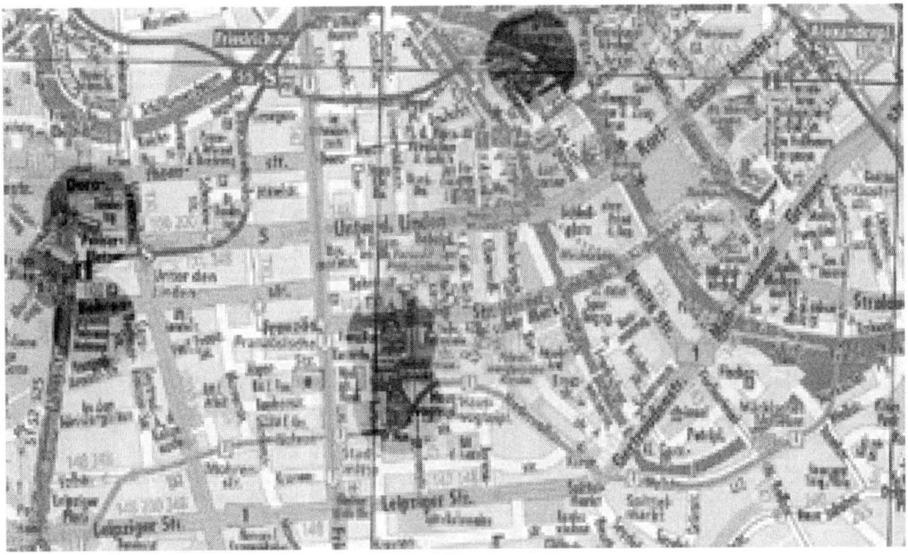
Unter den Linden
Leipziger Str.

HONK!
TAXI

Wie...
... beschreibe ich Menschen?

1. Fragen zum äußeren Schein

1. Wie sieht sie aus?
2. Wie groß sind Sie?
3. Wie viel wiegt Ihr Sohn?
4. Welche Haarfarbe hat er?
5. Wie trägt sie ihr Haar?
6. Welche Augenfarbe hat sie?
7. Hat er Sommersprossen?
8. Sieht sie hübsch aus?
9. Ist er gepflegt?
10. Kennen Sie das Mädchen mit der Tätowierung auf der Schulter?

2. Wie beschreibe ich das Aussehen?

11. Er ist 1,84 Meter groß.
12. Sie ist einen Kopf größer als ihr Bruder.
13. Diese Frau ist sehr schlank. Sie wiegt nur 45 Kilo.
14. Mein Vater bringt einige Pfunde zuviel auf die Waage.
15. Ihr Baby ist schön moppelig.
16. Das Alter steht Lucy gut.
17. Ich habe Haselnussbraune Augen.
18. Elisabeth hat schöne mandelförmige Augen.
19. Haben Sie letzte Nacht nicht gut geschlafen? Sie haben Ränder unter den Augen.
20. Mein Lehrer trägt eine Brille mit dicken Gläsern.
21. Sie hat eine platte Nase.

Comment...
... décrire les gens ?

1. Comment poser des questions sur l'apparence physique

1. Comment est-elle physiquement ?
2. Combien mesurez-vous ?
3. Combien pèse votre fils ?
4. Quelle est la couleur de ses cheveux ?
5. Comment est-elle coiffée ?
6. Quelle est la couleur de ses yeux ?
7. A-t-il des taches de rousseur ?
8. A-t-elle un physique agréable ?
9. Est-il soigné ?
10. Connaissez-vous la fille au tatouage sur l'épaule ?

2. Comment décrire l'apparence physique

11. Il mesure 1,84 m.
12. Elle mesure une tête de plus que son frère.
13. Cette femme est très mince. Elle ne pèse que 45 kilos.
14. Mon père a quelques kilos de trop.
15. Votre bébé est bien potelé.
16. Lucy porte bien son âge.
17. J'ai les yeux couleur noisette.
18. Élisabeth a de beaux yeux en amande.
19. N'avez-vous pas bien dormi la nuit dernière ? Vous avez les yeux cernés.
20. Mon professeur porte des lunettes à verres épais.
21. Elle a un nez camus.

22. Ich habe zu schmale Lippen.
23. Amanda hat ein feines Gesicht und einen schön gezeichneten Mund.
24. Dieser etwa vierzig Jahre alte Mann mit den dicken Augenbrauen sieht vornehm aus.
25. Das Model auf dem Cover dieses Magazins hat hervorstehende Backenknochen.
26. Emma hat einen Leberfleck auf der linken Wange.
27. Sie haben schöne weiße Zähne.
28. Sie hat so feines Haar, dass sie keinen Pferdeschwanz machen kann.
29. Hätte ich nur blondes gelocktes Haar!
30. Männer mit hellbraunem Haar sind mir lieber.
31. Sie färbt sich die Haare schwarz.
32. Mein Großvater hatte pechschwarze Haare, jetzt ist er grau geworden.
33. Sie ist rundlich.
34. Du solltest dir den Bart stutzen, er ist zu lang.
35. Sie hat trotz ihres vorgeschrittenen Alters die Figur, die sie als junges Mädchen hatte, behalten.
36. Gewöhnlich sieht sie immer gut aus, heute aber ist sie blass.
37. Da sie das ganze Jahr hindurch gebräunt sein will, geht sie einmal wöchentlich ins Sonnenstudio.
38. Pascale hat lustige Grübchen.
39. Schade, dass er abstehende Ohren hat, er ist so süß!
40. Dieser Junge am Strand, mit nacktem Oberkörper, ist mein Bruder.
41. Ich habe immer feuchte Hände, das ist peinlich.
42. Er hat krumme Beine wie ein Cowboy.
43. Ich habe zu dicke Backen.
44. Meine Schwester hat eine Narbe auf dem linken Knie.

22. J'ai les lèvres trop fines.
23. Amanda a un visage fin et une bouche bien dessinée.

24. Cet homme d'une quarantaine d'années aux sourcils épais a l'air distingué.
25. Le mannequin sur la couverture de ce magazine a des pommettes saillantes.
26. Emma a un grain de beauté sur la joue gauche.
27. Vous avez de belles dents blanches.
28. Elle a les cheveux tellement fins qu'elle ne peut pas faire de queue de cheval.
29. Si seulement j'avais les cheveux blonds et bouclés !
30. Je préfère les hommes aux cheveux châtain clair.
31. Elle se teint les cheveux en noir.
32. Mon grand-père avait des cheveux d'un noir de jais, maintenant il est grisonnant.
33. Elle est rondelette.
34. Tu devrais tailler ta barbe, elle est trop longue.
35. Elle a gardé sa silhouette de jeune fille, malgré son âge avancé.
36. D'habitude elle a toujours bonne mine, mais aujourd'hui elle est pâle.
37. Comme elle tient à être bronzée toute l'année, elle fait une séance d'UV par semaine.
38. Pascale a des fossettes rigolotes.
39. Quel dommage qu'il ait les oreilles décollées, il est si mignon !
40. Ce garçon torse nu sur la plage, c'est mon frère.
41. J'ai toujours les mains moites, c'est embarrassant.
42. Il a les jambes arquées comme un cow-boy.
43. J'ai des joues trop grosses.
44. Ma sœur a une cicatrice sur le genou gauche.

45. Wenn man regelmäßig Bodybuilding macht, ist man eher muskulös.
46. Mein Chef ist immer wie aus dem Ei gepellt, und trotzdem ist er nicht besonders attraktiv.
47. Tim ist weder groß noch klein, er ist eher mittelgroß.
48. Er altert schnell, er hat immer mehr Falten im Gesicht.

45. *Quand on fait régulièrement du culturisme, on est plutôt musclé.*
46. *Mon patron est toujours tiré à quatre épingles, et pourtant il n'est pas très séduisant.*
47. *Tim n'est ni grand ni petit, plutôt de taille moyenne.*
48. *Il vieillit vite, il est de plus en plus ridé.*

Gespräch

Susanne: Hallo Emma! Na so was, wir haben uns schon eine Ewigkeit nicht mehr gesehen!!!!! Du hast dich aber gar nicht verändert!

Emma: Hallo Susanne! Du aber auch nicht. Außer deiner Haarfarbe ....

Susanne: Ach, weißt du, man braucht meine ersten Grauen ja nicht gleich zu sehen. Also habe ich sie mir gefärbt. Wie geht es deinen Kindern?

Emma: Meine Tochter ist eine junge Dame geworden, will Model werden. Ich sehe das gar nicht gerne. Sie ist viel zu dünn, isst nichts, schminkt sich viel zu viel, nur noch Stress. Eigentlich ist sie schon ein schönes Mädchen, ganz ihr Vater, blond, groß, einen Meter fünfundachtzig, stell dir vor, feines Gesicht... aber wie gesagt, so toll kann ich das nicht finden.

Susanne: Meine Tochter ist ein eher molliger und unsportlicher Typ. Sie würde für so einen Job nichts taugen. Aber sie hat einen klugen Kopf. Studiert Jura. Außerdem hat sie sehr viel Charme. Das gleicht ein banales Äußeres aus, meinst du nicht?

Emma: Ganz deiner Meinung. Aber die Kinder sucht man sich ja nicht aus. Man hat sie und liebt sie, so wie sie sind. Gehen wir zusammen Kaffee trinken? Wir haben uns noch eine ganze Menge zu erzählen. Oder etwa nicht?

Susanne: Klar! Mit Vergnügen! Gehen wir in die Eisdiele gegenüber...

Quelques expressions touchant au corps

die richtige Nase habe — *avoir du nez*

Augen hinten und vorn haben — *ne pas avoir les yeux dans sa poche*

sich in die Haare kriegen — *se crêper le chignon*

ein Brett vor dem Kopf haben — *être complètement borné*

weder Hand noch Fuß haben — *n'avoir ni queue ni tête*

jemanden übers Ohr hauen — *arnaquer quelqu'un*

weiche Knie haben — *avoir les jambes en coton*

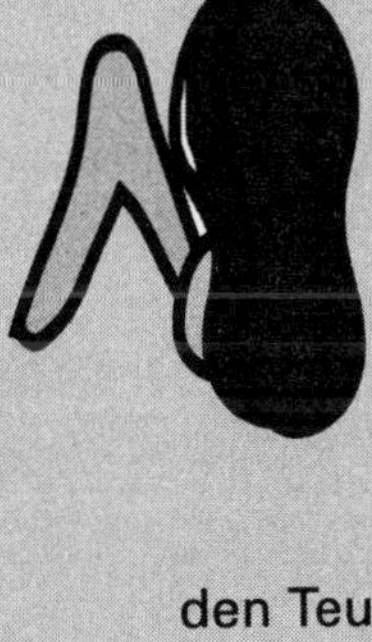

gut zu Fuß sein — *avoir de bonnes jambes*

auf großem: Fuß lebe — *vivre sur un grand pied*

den Teufel im Leib habe — *avoir le diable au corps*

Wie…
… beschreibe ich Gegenstände und Produkte?

1. Fragen über Details oder Charakteristiken

1. Was ist das?
2. Wie benutzt man diesen Apparat?
3. Welches sind seine Charakteristiken?
4. Wozu dient diese Maschine?
5. Welche Zutaten sind in diesem Fertiggericht?
6. Welche Farbe hat dieser Stoff?
7. Was bedeutet das Muster dieses Teppichs?
8. Wie sieht dieses neue Produkt aus?
9. Wie schwer ist diese Kiste Gemüse?
10. Wie breit ist dieser Fernseher?
11. Wie lang ist die Verlängerungsschnur?
12. Wie hoch mag der Schrank sein?
13. Wie tief ist dieses Möbelstück?
14. Was für eine Batterie muss man da kaufen?
15. Wie viel Liter gehen da rein?
16. Aus welchem Material sind diese Schmuckstücke?
17. Ist dieser Schreibtisch aus massivem Holz?
18. Wo sind diese Geräte hergestellt worden?
19. Welcher Marke ist Ihre Uhr?
20. Wo kann man sich diese Produkte besorgen?
21. Ist dieser Gegenstand ungefährlich?
22. Die Radios, die Sie da ausstellen, laufen die alle über Batterie?
23. Könnten Sie mir die Taschen aus echtem Leder zeigen?
24. Ist dieses Spielzeug nach EU-Norm hergestellt?

Comment…
… décrire les objets et les produits ?

1. Questionner sur des détails ou des caractéristiques

1. Qu'est-ce que c'est ?
2. Comment utilise-t-on cet appareil ?
3. Quelles sont ses caractéristiques ?
4. À quoi sert cette machine ?
5. Quels sont les ingrédients de ce plat préparé ?
6. De quelle couleur est cette étoffe ?
7. Que signifie le motif de ce tapis ?
8. À quoi ressemble ce nouveau produit ?
9. Combien pèse cette caisse de légumes ?
10. Quelle est la largeur de ce poste de télévision ?
11. Combien mesure la rallonge ?
12. Quelle peut être la hauteur de l'armoire ?
13. Quelle est la profondeur de ce meuble ?
14. Quel type de pile faut-il acheter ?
15. Combien de litres rentrent là-dedans ?
16. En quoi sont faits ces bijoux ?
17. Est-ce que ce bureau est en bois massif ?
18. Où ont été fabriqués ces appareils ?
19. Quelle est la marque de votre montre ?
20. Où peut-on se procurer ces produits ?
21. Cet objet est-il sans danger ?
22. Les radios que vous présentez là, sont-elles toutes à piles ?

23. Pourriez-vous me montrer les sacs en cuir véritable ?
24. Ce jouet est-il conforme aux normes européennes ?

2. Gegenstände und Produkte beschreiben

25. Das ist eine sehr schöne Schweizer Uhr.
26. Das ist Werkzeug zur Reparatur von Feinmechanik.
27. Dieser Apparat wird benutzt, um zu prüfen, ob Gas ausströmt.
28. Dieser Joystick ist nicht leicht zu handhaben, er ist zu steif.
29. Dieser Ball ist nicht rund, er ist oval.
30. Die Tapete ist grün und gelb gestreift.
31. Die Gardinen sind nicht einfarbig, sie sind gelb-orange kariert.
32. Schaut mal diesen herrlichen Seidenschal!
33. Dieser Bürobedarf sieht sehr praktisch aus.
34. Der Videorekorder wiegt 2 Kilo.
35. Das Brett ist ungefähr 3 Zentimeter breit.
36. Das Wohnzimmer ist 30 Quadratmeter groß.
37. Wir brauchen 5 Zentimeter lange Nägel.
38. Diese Perlen sind sehr klein, eigentlich sind sie winzig.
39. Diese Schachtel enthält 20 kleine Stücke Toilettenseife.
40. Die im Schaufenster ausgestellte Töpferware ist handwerklich gefertigt.
41. Dieses Modell können Sie aus Holz oder aus Metall haben.
42. Dieses Buch ist in einer Buchhandlung oder in der Bibliothek zu finden.
43. Er trägt immer Markenkleider.
44. Dieser elektronische Apparat muss an einem trockenen Ort aufgeräumt werden.
45. Seien Sie sehr vorsichtig beim Ausschalten dieser Maschine.
46. Heute ist es fast unerlässlich, ein Handy zu haben.

47. Sein Computer ist völlig veraltet.
48. Dieser MP3 Player hat äußerst interessante Eigenschaften, aber er ist schwer zu finden.
49. Sie braucht eine handliche Haushaltseinrichtung.

2. Décrire des choses et des produits

25. C'est une très belle montre suisse.
26. Ce sont des outils pour réparer la mécanique de précision.
27. On utilise cet appareil pour détecter les fuites de gaz.
28. Cette manette de jeux n'est pas facile à manier, elle est trop raide.
29. Ce ballon n'est pas rond, il est ovale.
30. Le papier peint est rayé vert et jaune.
31. Les rideaux ne sont pas unis, ils sont à carreaux jaune et orange.
32. Regardez voir cette magnifique écharpe en soie !
33. Ce matériel de bureau a l'air d'être très pratique.
34. Le magnétoscope pèse deux kilos.
35. La largeur de cette planche est d'environ 3 centimètres.
36. Le salon fait 30 mètres carrés.
37. Nous avons besoin de clous de 5 centimètres.
38. Ces perles sont très petites. En fait, elles sont minuscules.
39. Cette boîte contient 20 savonnettes.
40. La poterie exposée en vitrine est de fabrication artisanale.

41. Vous pouvez avoir ce modèle soit en bois soit en métal.
42. On peut trouver ce livre en librairie ou à la bibliothèque.

43. Il porte toujours des vêtements de marque.
44. Cet appareil électronique doit être rangé dans un endroit sec.
45. Faites très attention en débranchant cette machine.
46. Il est presque indispensable de nos jours d'avoir un téléphone portable.
47. Son ordinateur est complètement archaïque.
48. Ce lecteur MP3 a des fonctions extrêmement intéressantes, mais il est difficile de se le procurer.
49. Elle a besoin d'un équipement ménager facile à utiliser.

Einfaches Gespräch

Kunden: Guten Tag, wir möchten gerne unser Arbeitszimmer neu einrichten. Können Sie uns beraten?

Verkäufer: Aber ja, gerne. Wie groß ist denn der Raum?

Kunden: 10 Quadratmeter.

Verkäufer: Also nicht sehr geräumig. Da heißt es Platz sparen. Lieber moderne oder lieber klassische Möbel?

Kunden: Moderne. Das ist cooler und billiger.

Verkäufer: Recht haben Sie. Ich würde zu diesem Tisch raten. Sie können ihn in mehreren Farben haben. Auch aus Glas. Er ist solide und nicht zu groß: einen Meter zwanzig lang, siebzig Zentimeter breit. Dazu einen Schrank und ein paar Regale. Sieht alles ganz hübsch aus, wenn es eingerichtet ist.

Kunden: Wir bräuchten dann auch noch einen Sessel, vielleicht sogar zwei, und eine Lampe.

Verkäufer: Die Sessel stehen hier. Sie haben eine große Auswahl. Aus echtem Leder, Kunststoff oder Stoffe. In mehreren Farben. Setzen Sie sich ruhig rein. Sie sollen ausprobieren, welcher Ihnen am besten gefällt und am bequemsten ist.

Kunden: Und wie ist es mit Lampen und Bürobedarf?

Verkäufer: Die sind im ersten Stock. Wir haben auch eine große Auswahl an Teppichen und Gardinen.
Dazu bin ich aber nicht zuständig. Ich rufe gleich einen Kollegen.

Contenant – contenu

Tüte

Orangensaft
Milch
Bonbons

Tube

Zahnpasta
Farbe
Klebstoff

Dose

Cola
Bier
Erbsen

Eimer

Wasser
Farbe

Paket

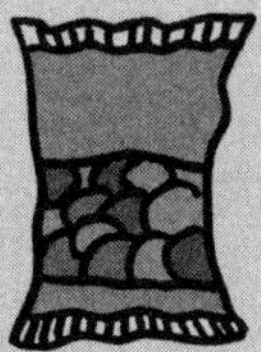

Bonbons
Aktien

eine
Flasche

Wein
Limonade

eine
Schachtel

Konfekt
Streichhölzer

eine
Tafel

Schokolade

ein
Päckchen

Zigaretten

ein
Glas

Limonade

eine Tüte Milch	*une brique de lait*
eine Dose Erbsen	*une boîte de petits pois*
eine Tube Zahnpasta	*un tube de dentifrice*
eine Tafel Schokolade	*une tablette de chocolat*
eine Tüte / ein Paket Bonbons	*un sachet de bonbons*
eine Flasche Bier	*une bouteille de bière*
eine Tasse Kaffee	*une tasse de café*
ein Glas Limonade	*un verre de limonade*
eine Dose Cola	*une canette de coca*
eine Schachtel Streichhölzer	*une boîte d'allumettes*
eine Schachtel Pralinen	*une boîte de chocolats*
eine Kiste Sekt	*une caisse de champagne*
ein Päckchen Zigaretten	*un paquet de cigarettes*

Wie…
… spreche ich über Alltägliches?

1. Fragen über alltägliche Dinge

1. Was tun Sie so jeden Tag?
2. Wie sieht ein gewöhnlicher Tag für Sie aus?
3. Was machst du Montag?
4. Was essen die Franzosen gewöhnlich zum Frühstück?

5. Um wie viel Uhr verlässt Ihre Tochter morgens das Haus?
6. Wer holt euch jeden Morgen ab?
7. Isst Ihr Mann in der Cafeteria zu Mittag?
8. Sie joggen doch nicht in der Mittagszeit, oder?
9. Gehen Sie manchmal abends mit Freunden aus?
10. Sind Sie Mitglied eines Sportclubs?
11. Machen Sie oft Sport?
12. Ist es nicht einfacher und billiger, die öffentlichen Transportmittel zu benutzen?
13. Pierre spielt immer noch Fußball, oder etwa nicht?
14. Gehen sie mehrmals in der Woche in die Disco?
15. Wie lange sind sie schon zusammen?
16. Sind Ihre Kinder schon in der Schule?
17. Warum sehen wir uns eigentlich so selten?
18. Was machst du gerade? Bist du beschäftigt?

Comment…
… parler des choses du quotidien ?

1. Poser des questions à propos des choses du quotidien

1. *Quelles sont vos activités quotidiennes ?*
2. *À quoi ressemble une journée type pour vous ?*
3. *Qu'est-ce que tu fais lundi ?*
4. *Que prennent habituellement les Français pour le petit-déjeuner ?*
5. *À quelle heure votre fille part-elle de la maison le matin ?*
6. *Qui vient vous chercher tous les matins ?*
7. *Est-ce que votre mari déjeune à la cafétéria ?*
8. *Vous n'allez pas courir entre midi et deux, n'est-ce pas ?*
9. *Sortez-vous parfois le soir avec des amis ?*
10. *Êtes-vous membre d'un club de sport ?*
11. *Faites-vous souvent du sport ?*
12. *N'est-il pas plus simple et moins cher de prendre les transports en commun ?*
13. *Pierre joue toujours au foot, n'est-ce pas ?*
14. *Vont-ils en discothèque plusieurs fois par semaine ?*
15. *Depuis combien de temps sont-ils ensemble ?*
16. *Vos enfants sont-ils déjà à l'école ?*
17. *Pourquoi nous voyons-nous si peu souvent ?*
18. *Que fais-tu en ce moment ? Es-tu occupé ?*

2. Über alltägliche Dinge sprechen

19. Ich wache immer auf, bevor der Wecker klingelt.
20. Das erste was ich morgens tue, ist duschen.

21. Meine Schwester kämmt sich immer in ihrem Zimmer, nie im Bad.
22. Mein Mann macht jeden Morgen das Frühstück.
23. Kinder sollten am Morgen in Ruhe ein richtiges Frühstück zu sich nehmen.
24. Ich habe selten Zeit, mich zu schminken.
25. Ich fange um 8 mit der Arbeit an und höre um 16 Uhr auf.
26. Im Gegensatz zu mir fängt Paul um 11 an und hört erst spät am Abend auf.
27. Nach der Mittagspause nehme ich mir Zeit, um die Zeitung zu lesen.
28. Abends esse ich nicht viel, denn es macht dick.
29. Sie erscheint nie pünktlich zum Abendessen.
30. Sam bleibt abends gern zu Hause.
31. Meine Eltern schauen sich jeden Abend um 20 Uhr die Nachrichten am Fernsehen an.
32. Wir proben jeden Montag und jeden Freitag mit unserer Gruppe.
33. Am Sonntag Nachmittag gehen sie manchmal ins Museum.
34. Lisa geht übers Wochenende ins Kino.
35. Ich lade abends gerne Freunde auf ein Glas Wein ein.

36. Bei schönem Wetter fahre ich gerne Rad.
37. Die Kinder verbringen ihre Zeit vor dem Fernseher.
38. Wir gehen nicht mehr so oft ins Café an der Ecke.
39. Ich habe mich noch nicht dazu aufraffen können, in die Gymnastik zu gehen.
40. Michel spielt schon gut zehn Jahre Tennis.

2. Parler à propos de choses quotidiennes

19. Je me réveille toujours avant que ne sonne le réveil.
20. La première chose que je fais le matin, c'est prendre une douche.
21. Ma sœur se coiffe toujours dans sa chambre, jamais dans la salle de bain.
22. Mon mari prépare tous les matins le petit-déjeuner.
23. Le matin, les enfants devraient prendre calmement un vrai petit-déjeuner.
24. J'ai rarement le temps de me maquiller.
25. Je commence mon travail à 8 heures et arrête à 16 heures.
26. Contrairement à moi, Paul commence à 11 heures et termine tard dans la soirée.
27. Après la pause déjeuner, je prends le temps de lire le journal.
28. Je ne mange pas trop le soir, parce que cela fait grossir.
29. Elle n'est jamais à l'heure pour le dîner.
30. Sam aime rester à la maison le soir.
31. Mes parents regardent les informations de 20 heures tous les jours.
32. Nous répétons avec notre groupe les lundis et vendredis.

33. Ils vont parfois au musée le dimanche après-midi.
34. Lisa va au cinéma le week-end.
35. Le soir j'aime bien inviter des amis à prendre un verre de vin.
36. J'aime aller faire du vélo quand il fait beau.
37. Les enfants passent leur temps à regarder la télévision.
38. Nous n'allons plus trop au café du coin.
39. Je n'ai pas encore eu le courage d'aller à la gym.

40. Michel joue au tennis depuis une bonne dizaine d'années.

41. Der Herbst ist meine Lieblingsjahreszeit, weil sich das Laub färbt.
42. Anna arbeitet ganztags in einem Geschäft ihres Viertels.
43. Er arbeitet halbtags in einer Pizzeria.
44. Zurzeit studiere ich Biologie an einer deutschen Universität.
45. Ich habe jetzt keine Zeit mit dir zu diskutieren, ich bereite gerade das Essen zu.
46. Die Stelle, die er zurzeit bekleidet, gefällt ihm überhaupt nicht.
47. Momentan bin ich auf der Wohnungssuche.
48. Ich komme nicht so richtig klar mit all diesen Anzeigen.

41. L'automne est ma saison préférée, parce que les feuilles se colorent.
42. Anna travaille à plein temps dans un magasin de quartier.
43. Il travaille à mi-temps dans une pizzeria.
44. En ce moment, je suis étudiant en biologie dans une université allemande.
45. Je n'ai pas le temps de discuter avec toi, je suis en train de préparer le repas.
46. Le poste qu'il occupe en ce moment ne lui plaît pas du tout.
47. En ce moment, je suis à la recherche d'un logement.
48. Je ne m'en sors pas trop avec toutes ces petites annonces.

Einfaches Gespräch

Zwei Schwestern im Gespräch

Kathy: Inge, was machst du denn? Kann ich reinkommen?

Inge: Klar. Komm rein. Du kommst wie gerufen. Ich frage mich nämlich schon die ganze Zeit, wie ich den Nachmittag durchschlagen will. Ich finde alles ziemlich langweilig heute.

Kathy: Mir ist auch langweilig. Diese Kälte draußen ist ätzend. Wollen wir ins Kino gehen? Oder lieber joggen? Wir kämen da ganz schön ins Schwitzen. Würde uns gut tun...

Inge: Mensch, Kathy, du nervst. Haben wir doch gestern alles schon ....

Kathy: Stimmt. Oder weißt du was? Wir ziehen uns warm an und bummeln einfach durch die Stadt. Vielleicht treffen wir ein paar Freunde und wir gehen dann ins Café und plaudern etwas. Was sagst du dazu?

Inge: Och, das berauscht mich irgendwie auch nicht. Aber was soll's. Es ist besser, als in der Stube sitzen zu bleiben.

Kathy: Na dann, mach mal. Zieh dich an und mache dich etwas zurecht. Wir ziehen los...

Expressions du quotidien

weißt du was?	*tu sais quoi ?*
keine Frage!	*pas de problème !*
na klar!	*bien sûr !*
unerhört!	*incroyable !*
mein Gott!	*mon Dieu !*
Moment mal...	*attendez voir...*
na so was!	*ben ça alors !*
und wie!	*et comment !*
na also!	*tu vois !*
das stimmt	*c'est vrai*
nicht möglich!	*pas possible !*
wer weiß?	*qui sait ?*
selbstverständlich	*cela va de soi*
na endlich! Es wurde aber auch Zeit!	*ah, enfin ! Il était grand temps !*
geil!	*super !*
du nervst	*tu m'énerves*
nicht gerade berauschend	*pas vraiment excitant*

Wie spreche ich...
... von Vergangenem?

1. Sich über Vergangenes erkundigen

1. Wo waren Sie gestern Morgen?
2. Wann haben Sie diese neue Software bekommen?
3. Wer hat Ihnen geholfen, sie auf dem PC zu installieren?
4. Konnten Sie Deutsch, bevor Sie nach Deutschland gefahren sind?
5. Wie lange waren Sie in Japan?
6. Sie hatten doch nicht vor, ins Ausland zu reisen, oder doch?
7. Haben Ihre Freunde einen Tisch für heute Abend reserviert?
8. Was hast du gemacht, als ich heute Morgen anrief?
9. Wo wart ihr? Einkaufen?
10. In welchem Jahr ist denn die Mauer gefallen?
11. Warst du schon fertig mit der Zubereitung des Essens, als wir kamen?
12. Ist der Briefbote schon da gewesen, als du aus dem Haus gingst?
13. Wer hat gestern die Briefe eingeworfen? Und vorgestern?
14. Hast du schon vorher hier gearbeitet?
15. Wer war dein ehemaliger Boss?
16. Wer war der vorige Hausbesitzer?

2. Von der Vergangenheit sprechen

17. Petra war letzte Woche in Marokko.
18. Ich habe ihn letzte Nacht nicht gesehen.
19. Meine Großmutter hat vorgestern angerufen.

Comment…
… parler du passé ?

1. S'enquérir du passé

1. Où étiez-vous hier matin ?
2. Quand avez-vous eu ce nouveau logiciel ?
3. Qui vous a aidé à l'installer sur votre nouveau PC ?
4. Saviez-vous parler allemand avant d'aller en Allemagne ?

5. Combien de temps êtes-vous resté au Japon ?
6. Vous ne projetiez pas de partir à l'étranger, n'est-ce pas ?
7. Vos amis ont-ils réservé une table pour ce soir ?
8. Que faisais-tu quand j'ai appelé ce matin ?
9. Où étiez-vous ? Vous êtes allés faire des courses ?
10. En quelle année le Mur est-il tombé ?
11. Avais-tu fini de préparer le dîner quand nous sommes arrivés ?
12. Lorsque tu as quitté la maison, le facteur était-il déjà passé ?

13. Qui a posté les lettres hier ? Et avant-hier ?
14. Tu travaillais déjà ici avant ?
15. Qui était ton ancien patron ?
16. Qui était le propriétaire de l'immeuble avant celui-là ?

2. Parler du passé

17. Petra était au Maroc la semaine dernière.
18. Je ne l'ai pas vu la nuit dernière.
19. Ma grand-mère a appelé avant-hier.

20. Anfang der siebziger Jahre war die Atmosphäre in Deutschland mehr als gespannt.
21. Schiller ist 1805 gestorben.
22. Ich bin am 25. Juli geboren.
23. Ich bin ihm auf einem Fest vor zwei Jahren begegnet.
24. Ich habe in den Achtzigern fünf Jahre in Österreich gelebt.
25. Es war nicht nötig, so viele Flaschen mitzubringen.
26. Ich habe mich dazu entschieden, umzuziehen, als ich den Posten, den ich wollte, endlich bekam.
27. Das Telefon hat wie immer geklingelt, als ich in der Wanne lag.
28. Früher war ein schöner Park in diesem Viertel.
29. Letzte Woche war ich einige Tage krank.
30. Sie hätten mir sagen sollen, dass Johanna nicht kommen würde.
31. Nach ihrer Hochzeit haben Müllers eine Zeit lang in Regensburg gewohnt.
32. Mein Vater hat schon zahlreiche asiatische Länder besichtigt.
33. Wir haben sie bestimmt einmal vor langer Zeit während eines Festes gesehen.
34. Während ich zur Arbeit ging, ist ein schrecklicher Unfall passiert.
35. Als ich Sie neulich traf, hatte ich den Eindruck, Sie schon einmal irgendwo gesehen zu haben.
36. Ich habe schließlich einschlafen können, nachdem die Nachbarn ausgefeiert hatten.
37. Damals, als meine Eltern noch kein Auto hatten, fuhren sie Rad oder gingen zu Fuß.
38. Früher, als es noch keine Transportmittel gab, war das Leben ruhiger.
39. In den letzten Jahren habe ich nur für die anderen gelebt.
40. Ein Dieb wurde gesehen, wie er in den Laden einbrach.

20. Au début des années 70, l'ambiance était plus que tendue en Allemagne.
21. Schiller est mort en 1805.
22. Je suis né le 25 juillet.
23. Je l'ai rencontré à une fête il y a 2 ans.
24. J'ai habité en Autriche pendant 5 ans dans les années 80.
25. Vous n'aviez pas besoin d'apporter tant de bouteilles.
26. J'ai décidé de déménager quand j'ai enfin eu le poste que je voulais.
27. Comme d'habitude, le téléphone a sonné pendant que je prenais mon bain.
28. Jadis, il y avait un beau parc dans ce quartier.
29. J'ai été malade pendant quelques jours la semaine dernière.
30. Vous auriez dû me dire que Johanna ne viendrait pas.

31. Après leur mariage, les Müller ont habité un temps à Ratisbonne.
32. Mon père a déjà visité beaucoup de pays asiatiques.
33. On a dû les voir à une soirée il y a bien longtemps.

34. Tandis que je me rendais au travail, un terrible accident s'est produit.
35. Quand je vous ai rencontré l'autre jour, j'avais l'impression de vous avoir déjà vu quelque part.
36. J'ai pu m'endormir finalement après que les voisins eurent cessé de faire la fête.
37. À l'époque où mes parents n'avaient pas encore de voiture, ils se déplaçaient à pied ou à vélo.
38. Jadis, quand les moyens de transport n'existaient pas encore, la vie était plus calme.
39. Durant ces dernières années, je n'ai vécu que pour les autres.
40. On a vu un voleur entrer dans le magasin.

41. Das Schauspiel sollte erst mit einer halben Stunde Verspätung anfangen.
42. Ich habe es dir gestern schon gesagt!
43. Als junger Mann spielte er sehr gut Geige.
44. Wenn sie in die Schule musste, tat sie oft so, als sei sie krank.
45. Das waren noch Zeiten!
46. Das ist Vergangenheit, reden wir nicht mehr davon.
47. Früher war alles viel besser!
48. Es ist noch nicht so lange her, da hatte ich noch Hoffnung, die Dinge würden schon wieder in Ordnung kommen.
49. Im letzten Jahrhundert haben die Menschen das Beste und das Übelste angestellt.
50. Vor einigen Jahren war die Krise noch nicht so schlimm.

41. *Le spectacle ne devait commencer qu'avec une demi-heure de retard.*
42. *Je te l'ai déjà dit hier !*
43. *Adolescent, il jouait très bien du violon.*
44. *Au moment d'aller à l'école, elle faisait souvent semblant d'être malade.*
45. *C'était le bon temps !*
46. *C'est du passé, n'en parlons plus.*
47. *Jadis, c'était bien mieux !*
48. *Il y a peu de temps encore, j'avais l'espoir que les choses s'arrangeraient.*
49. *Au siècle dernier, les hommes ont fait le meilleur et le pire.*

50. *Il y a quelques années, la crise n'était pas encore si grave.*

Einfaches Gespräch

Das Enkelkind: Oma, bitte, willst du mir nicht helfen? Ich soll etwas über die Vergangenheit schreiben und habe also wirklich keine Idee!!!

Die Oma: Die Vergangenheit??? Ja, Kindchen, welche denn??? Man kann doch nicht einfach über die Vergangenheit schreiben!!!! Die meisten alten Menschen erzählen, früher wäre alles besser gewesen. Stimmt ja alles gar nicht! Vor noch nicht all zu langer Zeit war Krieg in Europa, und das war bestimmt nicht so toll...

Das Enkelkind: Krieg? Du meinst die zwei Weltkriege?

Die Oma: Ja, als der erste Weltkrieg anfing, war ich noch ein Baby, aber den zweiten habe ich erlebt. Schlimm war das damals. Schreib aber lieber etwas von deiner Vergangenheit, auch wenn du noch sehr jung bist. Von der ersten Liebe, deinem ersten Sommerjob, deinem ersten Geld.

Das Enkelkind: Gute Idee! Wäre ich nie drauf gekommen.
Über Krieg und so mag ich nämlich nicht schreiben. Und ein Küsschen für meine Oma!!!!

Quelques repères dans le temps

die Vergangenheit...........die Gegenwart......... die Zukunft

vorgestern...gestern.........heute...jetzt............morgen...übermorgen

vor 14 Tagen	*il y a 15 jours*
vor kurzem	*il y a peu de temps*
tagelang	*durant des journées*
jahrelang	*durant des années*
seit langem	*depuis longtemps*
vor langer Zeit	*il y a longtemps*
seit einiger Zeit	*depuis quelque temps*
vergangene Woche	*la semaine dernière*
vergangenen Monat	*le mois dernier*
letztes Jahr	*l'année dernière*

Wie...
... spreche ich von zukünftigen Plänen?

1. Fragen über die Zukunft

1. Kommt ihr nächste Woche mit nach Münster?
2. Können Sie sich einen Augenblick gedulden?
3. Ihr wartet bis 5 Uhr auf mich, ja?
4. Was gedenken Sie zu tun in drei Tagen?
5. Wie lange sind Sie weg?
6. Sie fahren doch nicht schon morgen, oder etwa doch?
7. Können wir uns nächsten Freitag treffen?
8. Kommt einer von euch zum Essen am Sonntag?
9. Wie lange braucht ihr, um in die Stadt zu kommen?
10. Ist er nahe dran, das Handtuch zu werfen?
11. Werden ihm seine Eltern helfen, sein Projekt zu finanzieren?
12. Könnten Sie bis Ende nächster Woche auf meine Mail antworten?
13. Möchten Sie vielleicht einmal mit mir essen gehen?
14. Haben Sie heute Nachmittag vor, ins Schwimmbad zu gehen?
15. Haben Sie vor, sich um diese Stelle zu bewerben?
16. Wann denken Sie umziehen zu können?
17. Ist es bald fertig?
18. Was hast du vor mit dem Geld, wenn ich es dir gebe?
19. Wie leben wir im dreiundzwanzigsten Jahrhundert?
20. Haben Sie sich schon gefragt, was in den nächsten zehn Jahren passiert?
21. Was wird aus uns?

Comment…
… parler de projets futurs ?

1. Questionner sur l'avenir

1. Venez-vous avec nous à Münster la semaine prochaine ?
2. Pouvez-vous patienter un instant ?
3. Vous m'attendrez jusqu'à 5 heures, n'est-ce pas ?
4. Qu'envisagez-vous de faire dans trois jours ?
5. Pendant combien de temps serez-vous partis ?
6. Vous ne partez pas déjà demain, n'est-ce pas ?
7. Pouvons-nous nous rencontrer vendredi prochain ?
8. Est-ce que quelqu'un vient déjeuner dimanche ?
9. Combien de temps vous faudra-t-il pour venir en ville ?
10. Est-il sur le point de jeter l'éponge ?
11. Est-ce que ses parents l'aideront à financer son projet ?
12. Pourriez-vous répondre à mon message électronique d'ici la fin de la semaine ?
13. Voudriez-vous dîner avec moi un de ces jours ?
14. Pensez-vous aller à la piscine cet après-midi ?
15. Avez-vous l'intention de postuler pour la place ?
16. Quand pensez-vous pouvoir déménager ?
17. Est-ce que c'est bientôt fini ?
18. Que feras-tu avec l'argent, si je te le donne ?
19. Comment vivrons-nous au vingt-troisième siècle ?
20. Vous êtes-vous déjà demandé ce qui arrivera dans les dix prochaines années ?
21. Qu'allons-nous devenir ?

2. Über Zukunftspläne sprechen

22. Morgen fahre ich in die Schweiz.
23. Heute fahre ich nach Paris.
24. Ich fahre morgen früh.
25. In zwei Stunden fahre ich von hier los.
26. Der Zug fährt punkt 4 Uhr.
27. Vor Samstag sind sie nicht zurück.
28. Es wäre bestimmt ganz lustig, miteinander einen trinken zu gehen.
29. Hoffentlich geht es Ihnen bald besser.
30. Er kommt nicht, es sei denn, es gelingt ihm, mit seiner Arbeit fertig zu werden.
31. Wir täten besser daran, sobald wie möglich die Zugplätze zu reservieren.
32. Sie sieht sich schon in der humanitären Branche arbeiten.
33. Mein Mann denkt noch nicht einmal daran, dass es ihm passieren könnte.
34. Wenn sich mein Traum verwirklicht, mache ich eine Weltreise!
35. Ich bin nicht sicher, die Examen dieses Jahr machen zu wollen.
36. Nachdem sie das Spiel gewonnen hatten, ist die Mannschaft nach Kalifornien geflogen.
37. Übermorgen schauen wir uns bestimmt einen Film (im Kino) an.
38. Ich bin drauf gefasst, dass sie nicht vor 22 Uhr anruft.
39. Es kommt überhaupt nicht in Frage, dass du heute Abend ausgehst!
40. Falls es regnet, bleibe ich zu Hause.
41. Ich kann mir nicht denken, wie sie ihre Probleme lösen können.
42. Ich fürchte, diese Abwärtstendenz wird uns zu schaffen machen.
43. Wenn ich meinen Führerschein habe, nehme ich meine ganze Familie mit ans Meer.
44. Ich bin sicher, es passiert in naher Zukunft.
45. Ich frage mich, was die Zukunft uns noch bringen wird.

2. Parler de projets d'avenir

22. Je pars demain pour la Suisse.
23. Je vais à Paris aujourd'hui.
24. Je vais partir demain matin.
25. Je partirai d'ici dans deux heures.
26. Le train part à 4 heures précises.
27. Ils ne reviendront pas avant samedi.
28. Cela pourrait être sympa de prendre un verre ensemble.
29. J'espère que vous vous sentirez bientôt mieux.
30. Il ne viendra pas, à moins qu'il réussisse à finir son travail.

31. Nous ferions mieux de réserver le train dès que possible.

32. Elle se voit déjà travailler dans l'humanitaire.
33. Mon mari n'imagine même pas que cela pourrait lui arriver.
34. Si mon rêve se réalise, je ferai le tour du monde !
35. Je ne suis pas sûre de vouloir passer les examens cette année.
36. Après avoir remporté le match, l'équipe s'est rendue en Californie.
37. Nous irons sûrement voir un film après-demain.
38. Je m'attends à ce qu'elle n'appelle pas avant 22 heures.
39. Il n'est pas question que tu sortes ce soir !

40. S'il pleut, je reste à la maison.
41. Je ne vois pas bien comment ils comptent résoudre leurs problèmes.
42. Je crains que cette tendance à la baisse ne nous pose problème.
43. Quand j'aurai mon permis, j'emmènerai toute la famille à la mer.
44. Je suis sûr que cela arrivera dans un avenir proche.
45. Je me demande ce que l'avenir nous réserve.

Einfaches Gespräch

Eine Gruppe Freunde treffen sich.

Inge: Was macht ihr denn so in den Ferien? Habt ihr etwas vor?

Martha: Ich weiß es noch nicht. Ich denke, ich trampe etwas in Richtung Meer. Vielleicht ist da etwas los!

Peter: Ach, übernächste Woche gehe ich jobben! Ich brauche dringend Geld fürs nächste Jahr...

Inge: Wieso? Was hast du denn so auf dem Programm stehen nächstes Jahr?

Peter: Ich beginne mit meinem Studium. Und im zweiten Semester würde ich gerne in die USA fliegen. Ich hätte da eine Möglichkeit, mein Praktikum zu machen. Und gleich mein Englisch aufzufrischen. Aber das kostet alles ein Vermögen!

Jörg: Kein Wunder, wenn du so groß siehst!

Peter: Tja, in den nächsten Jahren wird noch mehr Mobilität und Flexibilität verlangt. Da sollte man in jungen Jahren schon mal üben...

Martha: Soweit ist es aber noch nicht. Fahren wir nächste Woche zusammen weg? So ins Blaue. Muss nicht weit sein. Nur um etwas zu quatschen und ein paar schöne Tage zu verbringen...

Peter: Klar. Ich komme auf jeden Fall mit. Wird mir gut tun...

Quelques repères dans le temps

bientôt	bald
sous peu	demnächst
demain	morgen
après-demain	übermorgen
dans les prochains jours	in den nächsten Tagen
la semaine prochaine	nächste Woche
l'année prochaine	nächstes Jahr
à tout moment	zu jeder Zeit
plus tard	später (einmal)

Wie…

… erkläre ich, was ich mag und was ich nicht mag?

1. Was man so mag

1. Sie liebt Rosen.
2. Ich mag ihn.
3. Ich liebe meine Großmutter.
4. Er spielt gern Klavier.
5. Mein Freund hat mich sehr gern.
6. Ich esse furchtbar gern zartbittere Schokolade.
7. Meine Kinder essen für ihr Leben gern Eis.
8. Ich habe Lust, tanzen zu gehen.
9. Mein Vater ist ein Computerfreak.
10. Ich habe Geschmack am Wein gefunden, als ich in Bordeaux war.
11. Er ist ein Kinonarr.
12. Ich bewundere Willy Brandt sehr.
13. Ich habe mich sofort in dieses Mädchen verliebt.
14. Der Chefkoch hat großen Spaß daran, köstliche exotische Gerichte zuzubereiten.
15. Sie schätzen ihre Freundlichkeit.

2. Wie drücke ich meine Vorlieben aus

16. Ich trinke lieber Sprudelwasser.
17. Es wäre uns lieber, wenn die Zuschauer ihre Mäntel in der Garderobe ließen.
18. Er zieht das Land der Stadt vor.
19. Meine Schwester isst lieber Vor- als Nachspeisen.

Comment…
… exprimer ce qu'on aime ou ce qu'on n'aime pas ?

1. Comment exprimer ce que l'on aime

1. Elle aime les roses.
2. Je l'aime bien.
3. J'aime ma grand-mère.
4. Il aime jouer du piano.
5. Mon ami a beaucoup d'affection pour moi.
6. J'adore le chocolat noir.
7. Mes enfants sont friands de glaces.
8. J'ai envie d'aller danser.
9. Mon père est un mordu d'informatique.
10. J'ai pris goût au vin quand j'étais à Bordeaux.

11. Il est fou de cinéma.
12. J'admire beaucoup Willy Brandt.
13. J'ai eu le coup de foudre pour cette fille.
14. Le chef prend grand plaisir à préparer de délicieux plats exotiques.
15. Ils apprécient sa gentillesse.

2. Comment exprimer ses préférences

16. Je préfère l'eau gazeuse.
17. Nous préférerions que les spectateurs laissent leurs manteaux au vestiaire.
18. Il préfère la campagne à la ville.
19. Ma sœur aime mieux les entrées que les desserts.

20. Ich würde jetzt lieber Fußball spielen als arbeiten.
21. Sie würde lieber vor Hunger sterben als Gemüse essen.

22. Gelb ist meine Lieblingsfarbe.
23. Mein Lehrer hat die Studenten des ersten Jahres immer vorgezogen.

3. Wie drücke ich Gleichgültigkeit aus

24. Es ist mir gleichgültig.
25. Was soll's!
26. Ich habe keine besonderen Vorlieben.
27. Das ist nicht von Bedeutung.
28. Das kümmert sie nicht.
29. Was ihre Freunde denken, ist ihr egal.
30. Jura interessiert mich nicht wirklich.
31. Meine Freunde sind nicht gerade verrückt nach Sport.
32. Dafür habe ich keinen Sinn.
33. Das macht mir nichts aus.
34. Das ändert nichts an der Sache.
35. Das hat überhaupt keinen Wert für mich.
36. Wie Sie wollen.

4. Was man nicht mag

37. Pierre steht nicht gern früh auf.
38. Marthas Benehmen gefällt mir nicht.
39. Alle Welt hasst dieses graue, regnerische Wetter.
40. Ich ertrage diese Musik nicht.
41. Mein Trainer kann faule Leute nicht ausstehen.
42. Ich ertrage es nicht, dass die Kinder mich anlügen.
43. Meine Freunde sind nicht gerade verrückt nach Sport.

20. Là, j'aimerais mieux jouer au foot plutôt que de travailler.
21. Elle préférerait mourir de faim plutôt que de manger des légumes.
22. Le jaune est ma couleur préférée.
23. Mon professeur a toujours donné la préférence aux étudiants de première année.

3. Comment exprimer l'indifférence

24. Cela m'est égal.
25. Peu importe !
26. Je n'ai pas de préférence.
27. Cela n'a pas d'importance.
28. Elle s'en moque.
29. Elle ne se fiche pas mal de ce que pensent ses amis.
30. Je ne suis pas vraiment intéressé par le droit.
31. Mes amis ne raffolent pas particulièrement de sport.
32. Je suis indifférent à cela.
33. Cela ne me fait rien.
34. Cela ne change rien à l'affaire.
35. Cela n'a aucun intérêt pour moi.
36. Comme vous voulez.

4. Comment exprimer ce que l'on n'aime pas

37. Pierre n'aime pas se lever tôt.
38. Le comportement de Martha me déplaît.
39. Tout le monde déteste ce temps gris et pluvieux.
40. Je ne supporte pas cette musique.
41. Mon entraîneur a horreur des paresseux.
42. Je ne supporte pas que mes enfants me mentent.
43. Mes amis ne raffolent pas particulièrement de sport.

Einfaches Gespräch

In einem Restaurant

Der Herr: Herr Ober bitte!

Der Ober Ja, bitte, was darf es sein?

Die Dame: Ich möchte etwas Exotisches essen. Süß-sauer! Ich mag es, überrascht zu werden...

Der Ober Essen sie gern Fleisch oder lieber Fisch?

Die Dame: Fisch mag ich am liebsten. Aber es ist mir eigentlich auch egal. Hauptsache, es schmeckt anders.

Der Herr: Und ich hätte gern ein klassisches Menü. Ich esse für mein Leben gern Fleisch...

Der Ober: Dann würde ich zu dem Tagesmenü raten. Wenn die Dame es aber vorzieht, überrascht zu werden... Es macht mir ehrlich gesagt auch immer großen Spaß, zusehen zu dürfen, was unser japanischer Koch alles erfindet. Und das japanische Fischgericht wird Sie nicht enttäuschen...

Aimer

Er mag fernsehen.

Sie liebt ihre Katze.

Die Kinder lesen gerne.

Ich liebe meinen Opa.

Ich esse gern Popcorn.

Ich surfe gern im Internet.

Er trinkt gern / mag Wein.

Ich esse gern / mag Pfannkuchen.

Die Schüler mögen / lieben ihre Lehrerin.

Ich schlafe gern lange.

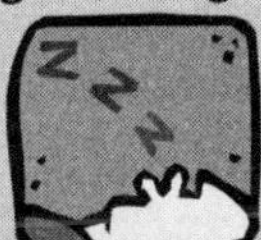

Ich gehe gern schwimmen.

Wie…
… sage ich meine Meinung?

1. Etwas vorschlagen

1. Gehen wir einen trinken?
2. Und wie wäre es, wenn wir ins Theater gingen?
3. Hast du daran gedacht, den Geburtstagskuchen zu kaufen?
4. Möchten Sie ins Schwimmbad?
5. Hast du Lust, nächsten Samstag mit mir auszugehen?
6. Und was würdet ihr sagen, wenn wir einfach zu Hause blieben?
7. Glaubst du nicht, es wäre besser, wenn du dir einen anderen Job suchen würdest?
8. Eine Weltreise, reizt Sie das nicht?
9. Wir könnten vielleicht eher ins Kino als ins Restaurant gehen!
10. Lass uns einkaufen gehen!
11. Ich schlage vor, er lässt sich impfen, bevor er nach Afrika fliegt.
12. Ich rate Ihnen Ihre Pflanzen zu gießen, wenn Sie nicht wollen, dass sie eingehen.
13. Wenn ich Sie wäre, würde ich nicht soviel rauchen.
14. Der Kühlschrank ist leer. Wir können aber eine Pizza bestellen.
15. Es wäre besser, sie würde sich beeilen, wenn sie ihren Bus nicht versäumen will.
16. Es wäre eine tolle Idee, nicht mehr arbeiten zu gehen.
17. Es wäre besser, mit dem Bus an den Flughafen zu fahren.

2. Sein Einverständnis ausdrücken

18. Ich bin völlig mit Ihnen einverstanden.

Comment...
... donner son avis ?

1. Faire des suggestions

1. On va boire un verre ?
2. Pourquoi n'irait-on pas au théâtre ?
3. As-tu pensé à acheter le gâteau d'anniversaire ?
4. Voulez-vous aller à la piscine ?
5. Est-ce que tu veux sortir avec moi samedi prochain ?
6. Que diriez-vous si on restait à la maison ?
7. Ne crois-tu pas que tu ferais mieux de chercher un autre travail ?
8. Un voyage autour du monde ne vous tente-t-il pas ?
9. Nous pourrions peut-être aller au ciné plutôt qu'au restaurant ?
10. Allons faire des courses !
11. Je suggère qu'il aille se faire vacciner avant de partir en Afrique.
12. Je vous conseille d'arroser vos plantes si vous ne voulez pas qu'elles meurent.
13. Si j'étais vous, je ne fumerais pas autant.
14. Le frigo est vide. Mais on peut commander une pizza.
15. Elle ferait mieux de se dépêcher si elle ne veut pas rater le bus.
16. Ce serait une bonne idée d'arrêter de travailler.
17. Ce serait mieux de prendre le bus pour aller à l'aéroport.

2. Exprimer son accord

18. Je suis entièrement d'accord avec vous.

19. Sie haben ganz Recht, einige Zeit wegzufahren.
20. Ja, ganz genau.
21. Sie haben völlig Recht.
22. Ich teile Ihre Meinung in dieser Frage.
23. Ich kann Ihnen nur Recht geben.
24. Er ist nicht davon abgeneigt, eine Weinstube in der Stadtmitte zu öffnen.
25. Ich bin für diesen Gesetzentwurf.
26. Ich befürworte die Position der Regierung in diesem Punkt.
27. Wir stimmen mit dieser Analyse überein.
28. Es stimmt schon, wir sollten weniger Geld ausgeben.
29. Sie werden bestimmt Ihr Projekt unterstützen.
30. Ich habe nichts dagegen einzuwenden, wenn mehr für die Gesundheit ausgegeben wird.

3. Seine Uneinigkeit ausdrücken

31. Ich bin nicht mit Ihnen einverstanden.
32. Ich teile Ihre Ansicht überhaupt nicht.
33. Ich stimme überhaupt nicht mit Ihnen überein.
34. Ihr irrt euch, wenn ihr glaubt, pünktlich anzukommen.
35. Es kommt überhaupt nicht in Frage, dass du nach Mitternacht heimkommst.
36. Ich missbillige ihr Benehmen.
37. Ich bin in völliger Uneinstimmigkeit mit seinen politischen Ansichten.
38. Ich begehre gegen diese Ungerechtigkeit auf.
39. Ich fürchte sehr, nicht zustimmen zu können.
40. Ich verweigere es, meine Meinung zu ändern.
41. Es kommt überhaupt nicht in Frage, dass ich heute Abend koche.
42. Ich werde diese Arbeit nicht abschließen.
43. Ich lasse den Vorschlag unserer Partner nicht gelten.

19. *Vous avez tout à fait raison de partir quelque temps.*
20. *Oui, tout à fait.*
21. *Vous avez entièrement raison.*
22. *Je partage votre avis sur la question.*
23. *Je ne peux que vous donner raison.*
24. *Il n'est pas contre l'idée d'ouvrir un bar à vin dans le centre ville.*
25. *Je suis pour ce projet de loi.*
26. *J'approuve la position du gouvernement sur ce point.*
27. *Nous sommes d'accord avec cette analyse.*
28. *Il est vrai que nous devrions dépenser moins d'argent.*
29. *Ils ne manqueront pas de soutenir votre projet.*
30. *Je n'ai pas d'objection à ce que l'on dépense davantage pour la santé.*

3. Exprimer son désaccord

31. *Je ne suis pas de votre avis.*
32. *Je ne partage pas du tout votre point de vue.*
33. *Je suis en total désaccord avec vous.*
34. *Vous avez tort de penser que vous serez à l'heure.*
35. *Il est hors de question que tu rentres après minuit.*

36. *Je désapprouve son comportement.*
37. *Je suis totalement en désaccord avec ses opinions politiques.*
38. *Je m'insurge contre cette injustice.*
39. *Je crains fort de ne pas approuver.*
40. *Je refuse de changer d'avis.*
41. *Il n'est pas question que je fasse à manger ce soir.*

42. *Je ne terminerai pas ce travail.*
43. *Je rejette la proposition de nos partenaires.*

Einfaches Gespräch

Zwei Freunde unterhalten sich über Globalisierung

Peter: Mensch Franz, diese Globalisierung ist doch echt gefährlich. Wie kann man nur dafür sein?

Franz: Ich bin aber dafür. Erstens, weil wir sowieso schon auf diesem Weg sind und zweitens finde ich, eine gesunde Konkurrenz ist notwendig.

Peter: Und was nennst du « gesunde Konkurrenz »? Ich möchte jetzt lieber nicht hören, was du dazu zu sagen hast...

Franz: Ja, klar, ich bin mit dir einverstanden. In Sachen Verlagerung und Arbeitslosigkeit ist es natürlich nicht so toll. Aber die EU wird doch bestimmt unsere Unternehmen unterstützen...

Peter: Ich an deiner Stelle würde da nicht so sicher sein... Das soziale Europa gibt es doch gar nicht. Es geht doch alles nur ums Geld!

Franz: Vielleicht hast du Recht. Aber ich verweigere es entschieden, so pessimistisch in die Zukunft zu blicken. Hab etwas Vertrauen! Die europäischen Staaten sind immerhin altbewährte Demokratien und Sozialstaaten.

Petites interjections pour exprimer son enthousiasme ou son accablement

(+)

prima

spitze

super

toll

geil

(−)

furchtbar

nervig

stressig

schrecklich

ätzend

Wie...

... formuliere ich Vorschriften und gebe Ratschläge?

1. Um Erlaubnis – einen Ratschlag bitten

1. Kann ich Ihren Kuli kurz nehmen, bitte?
2. Kann ich Feuer haben, bitte?
3. Muss ich mein Handy ausschalten?
4. Ist in diesem Restaurant das Rauchen verboten?
5. Darf man an diesen Ort Lebensmittel mitbringen?
6. Ist es hier üblich, dem Kellner ein Trinkgeld zu geben?
7. Ist Plakette tragen Vorschrift in Ihrem Unternehmen?
8. Erlauben Sie, dass ich hier parke?
9. Wozu raten Sie mir?
10. Was soll ich tun?
11. Glaubst du nicht, wir sollten einen Spezialisten hinzuziehen?
12. Meinst du, wir sollten einen Lieferwagen mieten?
13. Ich habe meinen Pass verloren. Was nun?
14. Was würden Sie an meiner Stelle tun?
15. An wen könnte ich mich wenden, um Rat zu fragen?
16. Bin ich ihm etwas für seine Dienste schuldig?
17. Wissen Sie, ob man vorher einen Termin ausmachen muss?

2. Vorschriften formulieren, Ratschläge geben

18. Hör mir zu!
19. Passen Sie auf!
20. Vorsicht, Stufe!
21. Achtung, bissiger Hund.

Comment…
… énoncer des règles et donner des conseils ?

1. Demander une permission, des conseils

1. Est-ce que je peux emprunter votre stylo, s'il vous plaît ?
2. Puis-je avoir du feu, s'il vous plaît ?
3. Est-ce que je dois éteindre mon téléphone portable ?
4. Est-il interdit de fumer dans ce restaurant ?
5. Est-ce qu'on peut apporter de la nourriture dans cet endroit ?
6. Est-ce qu'on laisse un pourboire au serveur ici ?
7. Est-ce obligatoire de porter un badge dans votre entreprise ?
8. Est-ce que vous permettez que je me gare ici ?
9. Que me conseillez-vous de faire ?
10. Que dois-je faire ?
11. Est-ce que tu ne crois pas qu'il faudrait appeler un spécialiste ?
12. Tu crois que nous devrions louer une camionnette ?
13. J'ai perdu mon passeport. Que dois-je faire ?
14. Qu'est-ce que vous feriez à ma place ?
15. À qui pourrais-je m'adresser pour un conseil ?
16. Est-ce que je lui dois quelque chose pour ses services ?
17. Savez-vous s'il faut prendre rendez-vous avant ?

2. Énoncer des règles, donner des conseils

18. Écoute-moi !
19. Faites attention !
20. Attention à la marche !
21. Attention chien méchant.

22. Den Rasen nicht betreten.
23. Lassen Sie sich durch mich nicht stören.
24. Hunde müssen an der Leine geführt werden.
25. Nicht vergessen, vor dem Weggehen das Licht auszumachen.
26. Betteln ist in diesem Viertel streng verboten.
27. Tiere sind in diesem Restaurant nicht erlaubt.
28. Freikörperkultur ist an diesem Strand erlaubt.
29. Das sind die Vorschriften, sie können sie nicht ändern.
30. Ich glaube, er sollte eine Diät anfangen.
31. Es wäre besser, Sie gingen schnell zum Zahnarzt.

32. An Ihrer stelle würde ich mich an das Gesetz halten.
33. Meiner Meinung nach wäre das beste, ein Ticket im Voraus zu kaufen.
34. Es ist nicht sehr ratsam, Alkohol zu trinken, wenn man Medikamente nimmt.
35. Sie können ihm vertrauen. Er gibt gewöhnlich gute Ratschläge.
36. Bitte nicht ohne Passierschein in die Räume treten.
37. Der Sicherheitsgurt ist in den meisten Ländern obligatorisch.
38. Ich muss diesen Bericht noch vor Feierabend fertig schreiben.
39. Sie können Fotos machen, aber Sie sollten das Blitzlicht ausschalten.
40. Ihr könnt jetzt gehen, wenn ihr wollt.
41. Ihr müsst Devisen kaufen, bevor ihr ins Ausland reist.
42. Rauchen ist an den meisten öffentlichen Orten verboten.
43. Ich fühle mich dazu verpflichtet, öfters meine Familie zu besuchen.
44. Ich verlange, dass Sie sofort aufhören, so viel Lärm zu machen.
45. Sie hören selten auf ihre Eltern.

22. *Ne marchez pas sur la pelouse.*
23. *Ne vous gênez pas pour moi.*
24. *Les chiens doivent être tenus en laisse.*
25. *Il ne faut pas oublier d'éteindre les lumières avant de partir.*
26. *La mendicité est strictement interdite dans ce quartier.*
27. *Les animaux ne sont pas autorisés dans ce restaurant.*
28. *Le naturisme est permis sur cette plage.*
29. *Ce sont les règles, vous ne pouvez pas les changer.*
30. *Je crois qu'il devrait se mettre au régime.*
31. *Il serait préférable que vous alliez chez le dentiste rapidement.*
32. *Si j'étais vous, je me conformerais à la loi.*
33. *À mon avis, le mieux serait d'acheter un billet à l'avance.*
34. *Il est fortement recommandé de ne pas boire d'alcool quand on prend des médicaments.*
35. *Vous pouvez avoir confiance en lui. Habituellement, il donne de bons conseils.*
36. *Prière de ne pas entrer dans les locaux sans un laissez-passer.*
37. *La ceinture de sécurité est obligatoire dans la plupart des pays.*
38. *Je dois finir ce rapport avant la fin de la journée.*
39. *Vous pouvez prendre des photos, mais vous devriez éteindre le flash.*
40. *Vous pouvez partir maintenant, si vous le voulez.*
41. *Il vous faut prendre des devises avant de partir à l'étranger.*
42. *Il est interdit de fumer dans la plupart des lieux publics.*
43. *Je me sens obligé d'aller voir plus souvent ma famille.*
44. *J'exige que vous cessiez immédiatement de faire autant de bruit.*
45. *Ils obéissent rarement à leurs parents.*

46. Ich habe euch schon gesagt, ihr solltet ein besseres Lexikon kaufen.
47. Die Leute sollten keine Abfälle auf den Bürgersteig werfen.
48. Ihr solltet lieber euren Wagen überholen lassen, bevor ihr abreist.
49. Die Käufer sollten auf die Gebrauchsanweisung achten.

46. *J'ai déjà dit que vous devriez acheter un meilleur dictionnaire.*
47. *Les gens ne devraient pas jeter de détritus sur le trottoir.*
48. *Vous feriez mieux de faire réviser votre voiture avant de partir en voyage.*
49. *Les acheteurs devraient suivre la notice.*

Einfaches Gespräch

Zwei Kollegen sprechen miteinander

Kollege Bertram: Entschuldigen Sie, lieber Kollege. Darf man in den Büroräumen rauchen?

Kollege Seidel: Eigentlich ist es seit Kurzem verboten. Erlaubt ist es aber in dem Raucherzimmer nebenan.

Kollege Bertram: Ach, vielen Dank! Es ist alles noch neu für mich, ich bin mit den Vorschriften nicht vertraut.

Kollege Seidel: Ach, so viele Vorschriften muss man hier nicht beachten. Außer effizient zu sein bei der Arbeit, natürlich.

Kollege Bertram: Natürlich. Was sonst. Aber wenn man irgendwo neu anfängt, ist es nicht sehr ratsam gleich aufzufallen...

Kollege Seidel: In den privaten Unternehmen gibt es seit Kurzem eine gewisse Kleiderordnung. Die kommt aus den Staaten. Jeans und saloppe Kleidung sind in der Woche unerwünscht. Außer am Freitag, da ist alles viel lockerer. Das sollten Sie lieber wissen, wenn Sie bei uns arbeiten.

Kollege Bertram: Das hätte ich früher wissen sollen. Da hätte ich eine Krawatte umgebunden.

Kollege Seidel: Na ja, so schlimm ist es mit dieser Vorschrift auch nicht. War eher ein guter Ratschlag von mir... Übrigens, wir können uns gerne duzen. Ich bin Jochen...

Kollege Bertram: OK. Gerne! Ich heiße Jürgen.

Différentes manières de donner un ordre

Man nehme Mehl, Eier, Zucker.	*Prenez de la farine, des œufs, du sucre.*
Du musst mir helfen!	*Tu dois m'aider !*
Nicht böse sein!	*Ne te fâche pas !*
Lass uns gehen!	*Partons !*
Komm rein!	*Entre !*
Hiergeblieben!	*Toi, tu restes là !*
Du sollst nicht töten.	*Tu ne tueras point.*
Du wirst jetzt sofort still sein.	*Tu vas me faire plaisir de te taire immédiatement.*
Es wird jetzt geschlafen!	*Et maintenant, c'est l'heure de dormir !*
Raus!	*Dehors !*
Aussteigen!	*Tout le monde descend !*
Schnell!	*Vite !*
Stop!!	*Arrête !! / stop !!*

Wie...
... formuliere ich Wünsche und drücke Bedauern aus?

1. Wünsche formulieren

1. Ich würde gern surfen können.
2. Nächstes Jahr will ich unbedingt nach Vietnam reisen.
3. Mein Traum wäre, auf den Mond zu fliegen.
4. Ich hätte gern eine Wohnung gehabt mit Blick auf die Seine.
5. Ich würde gern ein Bier trinken.
6. Hoffen wir, dass das Wetter besser wird.
7. Ich habe Lust, ins Restaurant zu gehen heute Abend.
8. Ich habe große Lust, Anzeige zu erstatten.
9. Ich wäre immer gern ein berühmter Schriftsteller gewesen.
10. Wenn ich nur fliegen könnte!
11. Ich kann es kaum erwarten, dich zu sehen.
12. Für meine Mutter ist es sehr wichtig, dass ich Arzt werde.
13. Ich würde für mein Leben gern in Urlaub fahren.
14. Ich lege großen Wert darauf, dass die Kinder regelmäßig Sport treiben.
15. Ich möchte so schnell wie möglich eine Arbeitsstelle finden.
16. Ich habe mir in den Kopf gesetzt, eine Stelle in Kanada zu suchen.
17. Pilot werden, das ist für mich das Wichtigste im Moment.
18. Ich brenne darauf, diese schöne Frau kennen zu lernen.
19. Hoffentlich sehen wir uns bald wieder.
20. Ich warte voller Ungeduld auf das Ende der Geschichte.
21. Ich will ganz schnell nach Hause.
22. Ich habe wahnsinnig Lust auf indische Küche.
23. Ich sehne mich nach etwas Glück.

Comment...
... exprimer des désirs et des regrets ?

1. Exprimer des désirs

1. J'aimerais bien savoir faire de la planche à voile.
2. Je veux aller au Vietnam l'année prochaine.
3. Je rêve d'aller sur la lune.
4. J'aurais bien aimé habiter un appartement donnant sur la Seine.
5. Je boirais bien un demi.
6. Il faut espérer que le temps va s'améliorer.
7. J'ai envie d'aller au restaurant ce soir.
8. J'ai bien envie de porter plainte.
9. J'aurais toujours voulu être un écrivain célèbre.
10. Si seulement je savais voler !
11. J'ai hâte de te voir.
12. Ma mère tient beaucoup à ce que je devienne médecin.
13. Je meurs d'envie de partir en vacances.
14. Je tiens absolument à ce que les enfants fassent régulièrement du sport.
15. Je souhaite trouver un emploi le plus vite possible.
16. Je me suis mis en tête de chercher un emploi au Canada.

17. Devenir pilote, c'est ce qui m'importe le plus en ce moment.
18. Je brûle d'envie de connaître cette jolie femme.
19. J'espère que nous nous reverrons bientôt.
20. Je suis impatiente de connaître la fin de l'histoire.
21. Je suis pressée de rentrer à la maison.
22. J'ai une folle envie de cuisine indienne.
23. J'aspire à un peu de bonheur.

24. Ich möchte an deiner Seite sein.
25. Ich will unbedingt dieses Rennen gewinnen.
26. Was wollt ihr dieses Wochenende tun?
27. Habt ihr Appetit auf Spaghetti zum Abendessen?
28. Was hätten Sie gerne zum Frühstück?
29. Was hatten Sie sich zum Geburtstag gewünscht?
30. Was willst du tun im Leben?
31. Was ist dein sehnlichster Wunsch?
32. Wollen Sie ein Glas Wein?

2. Bedauern ausdrücken

33. Es tut mir Leid, nicht da gewesen zu sein.
34. Es tut mir Leid, heute Abend arbeiten zu müssen, es wird ein Fußballspiel am Fernsehen übertragen.
35. Wenn ich nur hätte dabei sein können!
36. Ich wäre ihr gerne begegnet.
37. Es wäre mir lieber gewesen, wenn Sie mir die Wahrheit gesagt hätten.
38. Ich bereue, nicht früher in Urlaub gefahren zu sein.
39 Ich bedaure, nicht an der Versammlung von Montag teilnehmen zu können.
40. Ich hätte Sie früher anrufen sollen.
41. Ihr hättet mich wenigstens im Krankenhaus besuchen können!
42. Ich bereue mein Benehmen.
43. Zu meinem größten Bedauern kann ich nichts daran ändern.
44. Es tut mir echt Leid, aber ich kann Ihnen nicht helfen.
45. Ich bereue es, mich so benommen zu haben!
46. Wie Schade, dass du nicht mit mir durch die Stadt bummeln kannst!
47. Tut mir Leid, aber ich habe kein Kleingeld.
48. Früher ging ich jeden Abend mit meinen Freunden ins Café.
49. Tut euch das, was passiert ist, nicht Leid?
50. Ich bereue nur eins, dass ich nicht schon früher reagiert habe.

24. Je voudrais être à tes côtés.
25. Je veux à tout prix gagner cette course.
26. Qu'avez-vous envie de faire ce week-end ?
27. Avez-vous envie de spaghettis pour le dîner ?
28. Qu'est-ce qui vous ferait envie pour le petit-déjeuner ?
29. Que vouliez-vous pour votre anniversaire ?
30. Que souhaites-tu faire dans la vie ?
31. Quel est ton désir le plus cher ?
32. Désirez-vous boire un verre de vin ?

2. Exprimer des regrets

33. Je regrette de ne pas avoir été là.
34. Je regrette de devoir travailler ce soir, il y a un match à la télé.
35. Si seulement j'avais pu y assister !
36. J'aurais voulu la rencontrer.
37. J'aurais préféré que vous me disiez la vérité.

38 Je regrette de ne pas être partie en vacances plus tôt.
39. Je regrette de ne pas pouvoir participer à la réunion lundi.

40. J'aurais dû vous appeler plus tôt.
41. Vous auriez au moins pu venir me voir à l'hôpital !

42 Je regrette mon comportement.
43. À mon grand regret, je ne peux rien y changer.
44. Je suis vraiment désolée, mais je ne peux pas vous aider.
45. Je regrette de m'être comporté ainsi !
46. Quel dommage que tu ne puisses pas faire les magasins avec moi !
47. Désolé, mais je n'ai pas de monnaie.
48 Autrefois j'allais au café avec mes amis tous les soirs.
49. Ne regrettez-vous pas ce qui s'est passé ?
50 Je ne regrette qu'une chose, c'est de n'avoir pas réagi plus tôt.

Einfaches Gespräch

Zwei alte Freunde begegnen sich auf der Straße

Alfred: Hallo Bernd! Alter Kumpel! Schon lange nicht mehr gesehen. Wie geht's denn so?

Bernd: Ich wünschte, es ginge besser. Stell dir vor, meine Frau hat mich verlassen.

Alfred: Was!!! Einfach so?

Bernd: Eigentlich nicht. Sie wünschte sich schon lange ein anderes Leben. Sie hatte Lust, mehr auszugehen, sehnte sich nach Reisen. Aber ich hatte ja nie Zeit. Ich bereue es, so leichtsinnig gehandelt zu haben.

Alfred: Ja habt ihr denn nicht drüber gesprochen?

Bernd: Doch. Haben wir. Ich kannte ihre Wünsche. Ich hatte auch versprochen, einiges zu ändern. Ich brauchte nur noch ein paar Jahre. Denn ich wollte nichts sehnsüchtiger, als mich in der Firma empor zu arbeiten. Ich wollte schnell zu Geld kommen. Und jetzt...

Alfred: Ja, die Reue kommt immer zu spät. Es tut mir Leid für euch. Aber Kopf hoch! Das Leben ist ein ewiger Neuanfang. Das wird schon wieder...

Des expressions à souhaits

jemanden zum Teufel wünschen	*envoyer quelqu'un au diable*
Ich wünsche es dir von ganzem Herzen.	*Je te le souhaite de tout cœur.*
Es lässt viel zu wünschen übrig.	*Cela laisse beaucoup à désirer.*
Beste Wünsche!	*Meilleurs vœux !*
Es geht alles nach Wunsch!	*Tout va comme je le voulais !*
Das ist ein frommer Wunsch.	*C'est un vœu pieux.*

Wie...
... spreche ich vom Internet?

1. Haben Sie Internet zu Hause?
2. Welches ist Ihr Provider?
3. Ward ihr schon in einem Cybercafé?
4. Soll ich einen Brief schreiben, oder kann ich Ihnen eine Mail schicken?
5. Haben Sie den Mut, etwas übers Internet zu kaufen und online zu bezahlen?
6. Sind zuverlässige Informationen über den sanitären Zustand dieses Landes im Internet zu finden?
7. Welche Suchmaschinen benutzt du am liebsten?
8. Ich bin unfähig, diese Software zu installieren. Ich rufe die Hotline an.
9. Ich lasse während meines Urlaubs die elektronische Post nachkommen.
10. Haben Sie das virtuelle Museum auf Internet besichtigt?
11. Sie surft mindestens zwei Stunden pro Tag auf Internet.
12. Meine Firma hat ihre eigene Internetseite gestaltet.
13. Ich bin telefonisch schwer zu erreichen, ich bin nämlich oft auf Internet.
14. Sie müssen Ihr Pseudonym und Ihr Passcode angeben, um an Ihren elektronischen Briefkasten zu kommen.
15. Ich habe heute Mühe ins Internet zu kommen!
16. Ich habe die Öffnungszeiten des Geschäfts auf der Homepage ihrer Site gefunden.
17. Man müsste einen Weg finden, die gefährlichen Sites zu sperren.

Comment...
... communiquer à propos d'internet ?

1. Avez-vous internet à la maison ?
2. Quel est votre fournisseur d'accès ?
3. Êtes-vous déjà allé dans un cybercafé ?
4. Est-ce que je dois écrire une lettre ou puis-je vous envoyer un courriel ?
5. Est-ce que vous osez acheter et payer via internet ?

6. Y a-t-il des renseignements fiables sur le Web à propos de l'état sanitaire de ce pays ?
7. Quels moteurs de recherche utilises-tu le plus volontiers ?
8. Je n'arrive pas à installer ce logiciel. Je vais appeler l'assistance téléphonique.
9. Je vais faire suivre mon courrier électronique pendant mes congés.
10. Avez-vous visité le musée virtuel sur internet ?
11. Elle surfe sur le net au moins deux heures par jour.
12. Mon entreprise a créé son propre site internet.
13. Les gens ont du mal à m'appeler, je suis souvent sur internet.
14. Vous devez donner vos pseudonyme et mot de passe pour accéder à votre messagerie.
15. J'ai du mal à me connecter aujourd'hui !
16. J'ai trouvé les heures d'ouverture du magasin sur la page d'accueil de leur site.
17. Il faudrait trouver un moyen de bloquer les sites dangereux.

18. Ihr könnt die Akten, die euch fehlen, vom Internet herunterladen.
19. Mein Modem ist völlig überholt, es dauert zu lange, bis ich mich eingeloggt habe.
20. Am Abend nehme ich oft an Diskussionsforen teil.
21. Das Homebanking übers Internet ist wunderbar, man braucht nicht mehr zur Bank zu gehen!
22. Die Informatikviren schwächen aber diese wunderbare Technologie!
23. Letztes Mal war meine Festplatte gelähmt und all meine Daten waren zerstört.
24. Ich habe Ihnen den Bericht im Anhang geschickt.
25. Die Provider sind immer mehr darauf bedacht, das Privatleben der Internetbenutzer zu schützen.

18. Vous pouvez télécharger les dossiers qui vous manquent.

19. Mon modem est complètement dépassé, le temps de connexion est trop long.

20. Je participe souvent à des groupes de discussion le soir.

21. La gestion de compte par internet est extraordinaire, plus besoin d'aller à la banque !

22. Mais les virus informatiques fragilisent cette merveilleuse technologie !

23. La dernière fois, mon disque dur a été paralysé et toutes mes données ont été détruites.

24. Je vous ai envoyé le compte rendu par fichier joint.

25. Les fournisseurs d'accès veillent de plus en plus à protéger la vie privée des internautes.

Einfaches Gespräch

Beate: Du, Myriam, kannst du mir mal helfen?

Myriam Was denn?

Beate: Ich komme mit dem PC nicht klar. Er ist so lahm heute. Außerdem komme ich nicht ins Internet.

Myriam: Zeig mal her... Dein Modem funktioniert nicht, darum kannst du dich nicht einloggen. So, probier jetzt mal.

Beate: Super! Es klappt! Ich muss nämlich unbedingt an meine Mailbox rankommen. Und meine Bankkonten prüfen. Außerdem hätte ich gerne ein paar Bücher und eine CD bestellt.

Myriam: Du kaufst übers Internet? Hast du denn keine Angst, deine Kreditkartennummer anzugeben?

Beate: Aber nein! Wo lebst du denn! Die Sites sind doch geschützt. Es ist mir noch nie was passiert. Und die Bank haftet auch im Falle eines Falles.

Myriam: Ach ja? Dann muss ich das auch unbedingt einmal probieren. Man spart nämlich eine Menge Zeit und auch viel Nerven, wenn man vieles von zu Hause aus erledigen kann.

Un peu de vocabulaire

l'ordinateur portable	der Laptop
l'écran	der Bildschirm
la souris	die Maus
le bouton droit/gauche de la souris	die rechte / linke Maustaste
les touches	die Tasten
ouvrir/fermer une fenêtre	ein Fenster öffnen / schließen
cliquer	klicken
cliquer sur un lien	einen Link anklicken
le curseur	der Kurser
le moteur de recherche	die Suchmaschine
se connecter	sich einloggen / ins Internet gehen
enregistrer	speichern
télécharger	herunterladen
le site	die Site / die Seite
la page d'accueil	die Homepage
l'ADSL	DSL
planter	abstürzen
le courriel	die Mail

Wie…
… organisiere ich meine Gedanken?

1. Seine Ideen vorbringen

1. Zuallererst möchte ich das heutige Thema darlegen.
2. Vor allem müssen Sie das Administrative regeln.
3. Zuerst erkläre ich Ihnen wie der Betrieb funktioniert.

4. Dann erkläre ich Ihnen, wie Sie in die Stadt kommen.

5. Anschließend gehen wir zusammen in ein Fischrestaurant.

6. Zum Schluss möchte ich die Notwendigkeit betonen, zu einer Vereinbarung zu kommen.
7. Abschließend möchte ich sagen, wie wichtig es für die Kinder ist, sich zu bewegen.
8. Alles in allem ist es unnütz, so lange im Ausland zu bleiben.
9. Zusammenfassend kann man sagen, dass es eine beunruhigende Frage für uns alle ist.
10. Kurzum, die Presse gibt nicht die wirklichen Gründe dieser Krise an.
11. Schließlich möchte ich mich bei all meinen Kollegen bedanken.

2. Argumente hinzufügen

12. Zudem bin ich froh, dass es Ihnen besser geht.
13. Ich bin erschöpft, außerdem habe ich wirklich keine Lust ins Theater zu gehen.

Comment...
... organiser ses idées ?

1. Présenter ses idées

1. *Avant tout, je voudrais présenter le sujet d'aujourd'hui.*
2. *Tout d'abord, vous devez régler les questions administratives.*
3. *Dans un premier temps, je vous expliquerai le fonctionnement de la maison.*
4. *Ensuite, je vous dirai comment vous pouvez vous rendre en ville.*
5. *Enfin, nous irons dîner ensemble dans un restaurant de poissons.*
6. *En dernier lieu, je voudrais insister sur la nécessité de trouver un accord.*
7. *J'aimerais conclure en précisant combien il est important pour les enfants de bouger.*
8. *Tout bien considéré, il est inutile de rester aussi longtemps à l'étranger.*
9. *En résumé, on peut dire que c'est une question inquiétante pour nous tous.*
10. *Bref, la presse ne donne pas les vraies raisons de cette crise.*
11. *Pour conclure, je souhaite remercier tous mes collègues.*

2. Ajouter des arguments

12. *Par ailleurs, je suis content que vous alliez mieux.*
13. *Je suis épuisé et en plus de cela je n'ai vraiment pas envie d'aller au théâtre.*

14. Er hat sich das Bein gebrochen, überdies hat ihm sein Chef letzte Woche gekündigt.
15. Andererseits bin ich nicht ganz gegen diese Idee.

16. Unsere Sekretärin fehlt oft und obendrein verweigert sie es, sich fortzubilden.
17. Wir müssen auch die Temperaturschwankungen in Betracht ziehen.
18. Was die Gleichberechtigung betrifft, muss ich hinzufügen, dass noch viele junge Frauen ihre Rechte nicht kennen.
19. Die Leute interessieren sich immer weniger für Politik, ganz davon zu schweigen, dass sie den Politikern misstrauen.

3. Ursache und Konsequenz ausdrücken

20. Die Parkanlage ist heute wegen des schlechten Wetters geschlossen.
21. Wegen der Verlängerung des Fußballspiels wird der Film erst später ausgestrahlt.
22. Da ihr Verspätung hattet, gehen wir in die nächste Vorstellung.
23. Bei diesen schlechten Resultaten muss während der Ferien gearbeitet werden.
24. Da ich kein Geld mehr habe, kann ich nicht mit euch ausgehen heute Abend.
25. In Folge der Ereignisse von gestern werden drei Schweigeminuten eingehalten werden.
26. Angesichts der vor kurzem erschienenen Probleme ist das Konzert abgesagt worden.
27. Da viele afrikanische Kinder an Mangelernährung leiden, hat unsere Firma entschieden Geld zu spenden, um ihnen zu helfen.
28. Ich will keine Geschäfte mit ihm machen, denn ich weiß, dass er ein Lügner ist.

14. *Il s'est cassé la jambe, en outre son patron l'a renvoyé la semaine dernière.*
15. *D'un autre côté, je ne suis pas complètement opposé à cette idée.*
16. *Notre secrétaire est souvent absente et par-dessus le marché, elle refuse de se recycler.*
17. *Il faut aussi que nous prenions en compte les changements de température.*
18. *Pour ce qui concerne l'émancipation, je dois ajouter que beaucoup de jeunes femmes ignorent leurs droits.*
19. *Les gens s'intéressent de moins en moins à la politique, sans oublier qu'ils se méfient des hommes politiques.*

3. Exprimer la causalité et la conséquence

20. *Le parc est fermé aujourd'hui à cause du mauvais temps.*
21. *En raison de la prolongation du match de foot, le film passera plus tard.*
22. *Comme vous étiez en retard, nous irons à la séance suivante.*
23. *Vu vos mauvais résultats, il va falloir travailler pendant les vacances.*
24. *Comme je n'ai plus d'argent, je ne pourrai pas sortir avec vous ce soir.*
25. *Suite aux événements d'hier, on observera trois minutes de silence.*
26. *Vu les problèmes récents, le concert a été annulé.*
27. *Étant donné que beaucoup d'enfants africains souffrent de malnutrition, notre entreprise a décidé de faire un don pour les aider.*
28. *Je ne souhaite pas faire des affaires avec lui car je sais qu'il est un menteur.*

29. Da die Geschäfte gut laufen, will das Unternehmen Personal einstellen.
30. Angenommen, dass seine Geschichte wahr ist, glaubst du, dass man ihm vertrauen kann?
31. Weil er noch zu jung ist, kann er sich diesen Film nicht ansehen.
32. Die Geschäfte gehen schlecht, also haben die Leute Angst, ihre Stelle zu verlieren.
33. Es war nichts mehr im Kühlschrank, deshalb sind wir anderswo essen gegangen.
34. Da die Flugtickets billiger sind, haben wir vor, nach Bali zu fliegen.
35. Die Bäume sind an mangelnder Pflege eingegangen.
36. Ich bin aus ethischen Gründen gegen die Todesstrafe.

29. Comme les affaires vont bien, l'entreprise veut embaucher du personnel.

30. En admettant que son histoire est vraie, tu crois qu'on peut lui faire confiance ?

31. Du fait de son jeune âge, il ne peut pas aller voir ce film.

32. Les affaires vont mal, par conséquent les gens ont peur de perdre leur emploi.

33. Il n'y avait plus rien dans le frigo, c'est pourquoi nous sommes allés dîner ailleurs.

34. Puisque les billets d'avion sont moins chers, on envisage de faire un voyage à Bali.

35. Les arbres sont morts faute de soin.

36. Je suis contre la peine de mort pour des raisons d'éthique.

Wie…
… spreche ich von einem Bild?

1. Nützliche Ausdrücke, um ein Bild zu definieren

1. Dieses Dokument, das ich kommentieren möchte, ist ein Farbfoto.
2. Ich habe dieses Poster des neuen James Bond Filmes in der Zeitschrift *Bravo* gefunden.
3. Dieses Foto wurde in einer der Berliner Straßen gemacht, als die Mauer fiel.
4. Diese neue Werbung für eine große Bank sieht man überall in der Stadt.
5. Haben Sie den letzten Werbefilm für Perrier gesehen?
6. Die französische Werbung will verführen, die deutschen Werbespots versuchen eher zu überzeugen.
7. *Good bye Lenin* ist eine Komödie, die zum ersten Mal die Anpassungsschwierigkeiten der Ostdeutschen nach der Wiedervereinigung behandelt.
8. Ich habe diesen Ermäßigungsschein aus der Verpackung von Schokoriegel ausgeschnitten.
9. Dieser Künstler stellt momentan in Paris seine besten Skizzen, an die zwölf Aquarelle und zirka dreißig Ölgemälde auf Leinwand aus.
10. Es ist ein Nachdruck von einer Graffiti-Bemalung, die auf der Berliner Mauer gesprüht war.
11. Es ist eine Großaufnahme von einem kleinen Mädchen, das auf einem Müllberg spielt.

Comment…
… parler d'un document iconographique ?

1. Expressions utiles pour identifier un document iconographique

1. *Le document que je voudrais commenter est une photographie en couleur.*
2. *J'ai trouvé ce poster du nouveau film de James Bond dans le magazine* Bravo.
3. *Cette photo a été prise dans une des rues de Berlin au moment de la chute du Mur.*
4. *Cette nouvelle publicité pour une grande banque, on la voit partout en ville.*
5. *Avez-vous vu le dernier film publicitaire pour Perrier ?*
6. *La publicité française veut séduire, les spots publicitaires allemands cherchent plutôt à convaincre.*
7. Good bye Lenin *est une comédie traitant pour la première fois les difficultés d'adaptation des Allemands de l'Est après la réunification.*
8. *J'ai découpé ce bon de réduction sur l'emballage de barres chocolatées.*
9. *Cet artiste expose en ce moment à Paris ses meilleures esquisses, une douzaine d'aquarelles et une trentaine d'huiles sur toile.*
10. *C'est une reproduction d'un tag qui se trouvait sur le Mur de Berlin.*
11. *C'est un gros plan d'une petite fille en train de jouer sur un tas d'ordures.*

12. Dieser Akt hat ein Skandal ausgelöst, als er den Wienern gezeigt wurde.
13. Dieses Stillleben, 1956 gemalt, stellt eine Schale mit Herbstfrüchten dar.

2. Nützliche Ausdrücke, um ein Bild zu beschreiben

14. Ich möchte damit anfangen, die wichtigsten Charakteristiken dieses Fotos zu beschreiben.
15. Diese Schwarzweißaufnahme beschreibt die Berliner Gesellschaft der Zwanziger Jahre.
16. Wie man es sehen kann, steht das Logo unten auf dem Werbespot.
17. Die Figuren dieser Comics sind alle erfundene Kreaturen.

18. Wenn man sich diese Graffitis anschaut, hat man den Eindruck, bekannte Figuren aus Comics zu sehen.
19. Die Konturen der Kathedrale wurden mit Hilfe von Licht- und Schattenspiel abgegrenzt.
20. Diese Landschaft aus dem 19. Jahrhundert enthüllt die stürmischen Gefühle des Malers.
21. Diese Skulptur weist äußerst stilisierte Formen und Volumen auf.
22. Der Künstler benutzt warme Farben, die zu der Blässe des Jungen einen Kontrast bildet.

3. Nützliche Ausdrücke, um ein Bild zu analysieren

23. Die Karikatur im *Spiegel* dieser Woche zielt darauf hin, das Wettrüsten anzuprangern.
24. Man kann diese Karikatur mit denjenigen der französischen und englischen Karikaturisten aus dem letzten Jahrhundert vergleichen.

12. *Ce nu a fait scandale quand il a été présenté aux Viennois.*

13. *Peinte en 1956, cette nature morte représente une coupe de fruits d'automne.*

2. Expressions utiles pour décrire un document iconographique

14. *Je voudrais commencer par décrire les principales caractéristiques de cette photographie.*
15. *Cette photo en noir et blanc dépeint la société berlinoise des années vingt.*
16. *Comme on peut le remarquer, le logo est inscrit sous la publicité en bas de la page.*
17. *Les personnages de ces bandes dessinées sont tous des créatures imaginaires.*
18. *En regardant ces graffiti, on a l'impression de voir des héros de bande dessinée.*
19. *Les contours de la cathédrale ont été délimités grâce à un jeu d'ombre et de lumière.*
20. *Ce paysage du 19e siècle révèle la violence des sentiments du peintre.*
21. *Cette sculpture présente des formes et des volumes extrêmement stylisés.*
22. *L'artiste utilise des couleurs chaudes qui contrastent avec la pâleur du jeune garçon.*

3. Expressions utiles pour analyser un document iconographique

23. *Le dessin humoristique publié dans le* Spiegel *de cette semaine vise à dénoncer la course aux armements.*
24. *On peut comparer cette caricature avec celles des caricaturistes français et anglais du siècle dernier.*

25. Der Fotograf schildert seine Kindheit in seinen Werken.
26. Das Ziel dieser Werbung ist es, die Marke in der ganzen Welt bekannt zu machen.
27. Der Maler will, dass die Folgen der Armut in Osteuropa in Betracht gezogen werden.
28. Der Künstler hat absichtlich gewisse Symbole gewählt, um seine Sehnsucht nach Frieden auszudrücken.
29. Es ist klar, dass der Karikaturist versucht, dieses historische Ereignis in den sozialen Kontext zu stellen.

25. *Le photographe évoque son enfance à travers ses œuvres.*
26. *Le but de cette publicité est de faire connaître la marque dans le monde entier.*
27. *Le peintre veut que l'on prenne en considération les conséquences de la pauvreté en Europe orientale.*
28. *L'artiste a délibérément choisi certains symboles pour exprimer son désir de paix.*
29. *Il est évident que le caricaturiste tente de placer cet événement historique dans son contexte social.*

Einfaches Gespräch

Zwei Freunde im Museum

Peter: Verstehst du, was der Maler hat sagen wollen mit diesen Bildern?

Mark: Man braucht doch ein Bild nicht zu verstehen! Man sollte sich als Zuschauer einfach durch seine Emotionen tragen lassen...

Peter: Ich empfinde aber rein gar nichts vor diesen farbigen Tupfern. Wieso rennen denn alle Berliner da rein? Wohl, weil man da gewesen sein muss, wenn man dazu gehören will! Wie snobistisch das alles ist!

Mark: Vielleicht hast du Recht. Aber ich mag diese Art des Künstlers, eine neue Perspektive zu setzen. Der Fotoapparat ist ja schließlich da, um Reelles darzustellen. Somit sind die Künstler frei, ihren eigenen Interessen nachzugehen. Ich finde, man sollte nicht zu kritisch sein und sich überraschen lassen. Wenn's nicht gefällt, dann halt nicht. Jeder hat seine ganz persönliche Vorstellung von Kunst.

Peter: Wenn du meinst... Aber trotzdem haben sich viele Künstler auch absichtlich über ihr Publikum lustig gemacht und doch – oder gerade deshalb – einen hohen Preis für ihre Schinken bekommen...

Mark: Na und??? Wenn der Kunstliebhaber seine Freude an dem Bild hat, ist es die Hauptsache. Kunst hat ja nur den einen Zweck: unser Leben zu verschönern und angenehmer zu machen. Welchen Preis man dafür zahlt und welche großen Kunsttheorien dahinter stecken, ist mir persönlich schnuppe...

Peter: Da geht unsere Meinung aber ganz entschieden auseinander. Ich will schon wissen, was ich kaufe und ob ich mein Geld gut angelegt habe.

Mark: Ach wie schrecklich!!! Ich mag gar nicht mehr zuhören. Du verdirbst mir jede Freude... Das nächste Mal bleibst du zu Hause oder wir treffen uns später in der Kneipe...

Petits mots bien utiles

der Pinsel	*le pinceau*
der Pinselstrich	*le coup de pinceau*
malen	*peindre*
zeichnen	*dessiner*
sprühen	*tagger*
eine Wand besprühen	*tagger un mur*
Graffiti	*les graffiti*

Wie…

… spreche ich von einer Zeitung oder Zeitschrift?

1. Nützliche Ausdrücke, um über die Presse zu sprechen

1. *Bild*, mit einer Auflage von über 5 Millionen Exemplare, ist die meistverkaufte Tageszeitung in Deutschland.
2. Die regionale Presse ist ausgezeichnet in Deutschland.
3. Die Wochenzeitung *Die Zeit* wird meistens von den Intellektuellen gelesen.
4. In Deutschland wird die regionale wie überregionale Presse meistens durch Abonnement bezogen.
5. Die meistgelesenen Informationszeitschriften sind *Spiegel* und *Focus*.
6. In Deutschland gibt es nichts, was dem französische Satirikerblatt, *Le canard enchaîné*, gleicht.
7. Die internationalen Seiten von *Le Monde* befinden sich immer am Anfang der Zeitung.
8. Das verführerische Cover erhöht den Absatz der Magazine, auch wenn der Inhalt äußerst seriös ist.
9. Axel Springer war es, der der deutschen Presse nach dem Krieg wieder auf die Beine geholfen hat mit der Genehmigung der Engländer.
10. In dieser *Stern* Ausgabe steht eine ziemlich detaillierte Biografie der zwei Kanzlerkandidaten.
11. Die Titelseite aller Zeitungen war dem Tod des Papstes gewidmet.
12. In dem Feuilletonteil der *FAZ* sind fundierte Literaturanalysen zu lesen.

Comment…
… parler d'un journal ou d'un magazine ?

1. Expressions utiles pour parler de la presse

1. Bild, *qui tire à plus de 5 millions d'exemplaires, est le quotidien le plus vendu en Allemagne.*
2. *La presse régionale est d'excellente qualité en Allemagne.*
3. Die Zeit, *journal hebdomadaire, est lu en général par les intellectuels.*
4. *En Allemagne, la presse régionale comme la grande presse se vend surtout par abonnement.*
5. *Les magazines hebdomadaires d'information les plus lus sont* Spiegel *et* Focus.
6. *Le magazine satirique français* Le canard enchaîné *n'a pas d'équivalent en Allemagne.*
7. *Les pages internationales du* Monde *se trouvent toujours en début de journal.*
8. *Les couvertures aguichantes augmentent les ventes des magazines, même si leur contenu est extrêmement sérieux.*
9. *C'est Axel Springer qui a relancé la presse allemande après la guerre avec l'accord des anglais.*

10. *Dans ce numéro de* Stern *on trouve une biographie assez détaillée des deux candidats à la chancellerie.*
11. *La mort du pape a fait la une de tous les journaux.*

12. *Dans la partie culturelle du journal* FAZ, *on trouve des analyses littéraires solides.*

13. Die Regenbogenpresse hat eine hohe Auflage, indem sie frivole Details erzählt aus dem Leben von Stars und Königen.
14. Die Umsätze der regionalen Presse werden durch die Anzeigen am Wochenende verdoppelt.
15. Zahlreiche Leser lesen vor allem die Briefkastenecke und die Todesanzeigen.
16. Solche Nachrichten machen Schlagzeilen.

2. Nützliche Ausdrücke über den Inhalt eines Artikels

17. Ich soll einen Artikel aus der *Welt*, einer konservativen Tageszeitung, kommentieren.
18. Dieser Artikel über die globale Rezession der Wirtschaft wurde von einem ehemaligen Minister verfasst.
19. Der Leitartikel der *Süddeutschen* handelt von erneuerbaren Energien.
20. Der Inhalt des *Spiegels* kündigt neue Chroniken über die Gesellschaft und die Umwelt an.
21. Der Chefredakteur versucht seine Leser davon zu überzeugen, das Referendum nicht abzulehnen.
22. Der Redakteur des *Wirtschaftsmagazins* versucht den Investoren zu erklären, dass die nächsten Monate für die Börse schwer sein werden.
23. In einer Pressemitteilung denunziert der Parteisprecher die Lohnunterschiede zwischen Männern und Frauen.
24. Mutige und gut dokumentierte Leitartikel werden immer seltener.
25. Es ist klar, dass die Meinungen nie objektiv sein können.

26. Dieser Artikel ist nicht charakteristisch für die Zeitung, aus der er stammt.
27. Der Journalist nimmt Punkt für Punkt die Rede des Bundespräsidenten wieder auf.
28. Der Auslandskorrespondent hat nur wenige Informationen über die Ursachen der Explosion.

13. *La presse à scandales a un gros tirage en relatant les détails croustillants de la vie des stars et des rois.*
14. *Les petites annonces du week-end font doubler le chiffre de vente de la presse régionale.*
15. *Beaucoup de lecteurs lisent avant tout le courrier du cœur et la rubrique nécrologique.*
16. *De telles nouvelles défrayent la chronique.*

2. Expressions utiles à propos du contenu d'un article

17. *Je dois commenter un article tiré de* die Welt, *un quotidien conservateur.*
18. *Cet article sur la récession mondiale de l'économie a été écrit par un ancien ministre.*
19. *L'éditorial de la* Süddeutsche *traite de l'énergie alternative.*
20. *Le sommaire du Spiegel annonce de nouvelles chroniques sur la société et l'environnement.*
21. *Le rédacteur en chef essaie de convaincre son lectorat de ne pas rejeter le référendum.*
22. *Le chroniqueur de la revue* Wirtschaftsmagazin *tente de faire comprendre aux investisseurs que les mois à venir seront difficiles pour la Bourse.*
23. *Dans un communiqué de presse, le porte-parole du parti dénonce les inégalités de salaire entre hommes et femmes.*
24. *Les articles de fond courageux et documentés se font de plus en plus rares.*
25. *Il est évident que les points de vue ne peuvent jamais être objectifs.*
26. *Cet article n'est pas représentatif du journal dont il a été tiré.*
27. *Le journaliste reprend point par point le discours du président allemand.*
28. *Le correspondant à l'étranger n'a que peu d'informations sur les causes de l'explosion.*

Wie...
... finde ich einen Job?

Ein paar Fragen, die ein Arbeitgeber stellt

1. Erzählen Sie mir etwas von sich.
2. Woher kommen Sie?
3. Was haben Sie studiert?
4. Was für Diplome haben Sie?
5. Passen Sie sich leicht an?
6. Sind Sie Kinder gewöhnt?
7. Können Sie mit älteren Menschen umgehen?
8. Denken Sie, dass Sie im Team arbeiten können?
9. Wie lange wollen Sie diesen Sommer arbeiten?
10. Was wissen Sie von unserem Betrieb?
11. Warum haben Sie ihn sich ausgesucht?
12. Kennen Sie unsere Stadt?
13. Wie weit sind Sie mit Ihren Kenntnissen in Informatik?
14. Ihrer Meinung nach, welche Eigenschaften sollte ein guter Verkäufer / eine gute Kellnerin haben?
15. Ist es Ihr erster Job?
16. Haben Sie schon Erfahrung in diesem Bereich?
17. Sind Sie bereit, spät am Abend zu arbeiten?
18. Wären Sie eventuell bereit, etwas Hausarbeit zu machen?

19. Können Sie ein bisschen kochen?
20. Sprechen Sie fließend Deutsch?
21. Sprechen Sie Englisch?
22. Was machen Sie gerne, wenn Sie nicht arbeiten?
23. Brauchen Sie Kost und Verpflegung?
24. Welchen Lohn erhoffen Sie sich?
25. Wann können Sie anfangen?

Comment…
… trouver un job ?

Quelques questions posées par un employeur

1. *Parlez-moi un peu de vous.*
2. *D'où venez-vous ?*
3. *Qu'avez-vous fait comme études ?*
4. *Quels diplômes avez-vous ?*
5. *Vous adaptez-vous facilement ?*
6. *Avez-vous l'habitude des enfants ?*
7. *Savez-vous vous occuper de personnes âgées ?*
8. *Pensez-vous pouvoir travailler en groupe ?*
9. *Combien de temps voulez-vous travailler cet été ?*
10. *Que savez-vous de notre entreprise ?*
11. *Pourquoi l'avez-vous choisie ?*
12. *Connaissez-vous notre ville ?*
13. *Quelles sont vos connaissances en informatique ?*
14. *Quelles sont d'après vous les qualités d'un bon vendeur ? / d'une bonne serveuse ?*
15. *Est-ce votre premier emploi ?*
16. *Avez-vous déjà une expérience dans ce domaine ?*
17. *Êtes-vous prêt à travailler tard le soir ?*
18. *Seriez-vous susceptible de faire quelques travaux ménagers ?*
19. *Savez-vous faire un peu de cuisine ?*
20. *Parlez-vous couramment allemand ?*
21. *Est-ce que vous parlez anglais ?*
22. *Qu'aimez-vous faire en dehors du travail ?*
23. *Voulez-vous être logé et nourri ?*
24. *Quel salaire espérez-vous obtenir ?*
25. *Quand pouvez-vous commencer ?*

Einstellungsgespräch in einem großen Hotel

Arbeitgeber: Ich sehe, Sie sind im Ausland geboren. Wie kommt das? Sie haben doch die französische Staatsbürgerschaft oder?

Sie: Ja, ich bin Französin. Aber ich bin in den USA groß geworden.

Arbeitgeber: Sie sprechen also fließend Englisch?

Sie: Ich spreche mehrere Sprachen, ja.

Arbeitgeber: Woher haben Sie die Adresse unseres Hotels? Wurden wir Ihnen von jemandem empfohlen?

Sie: Nein, ich wollte in einem großen Hotel in Berlin arbeiten und habe einfach im Internet nachgesehen.

Arbeitgeber: Welche Arbeit hoffen Sie bei uns zu tun?

Sie: Ich dachte an die Rezeption, um meine Sprachkenntnisse aufzufrischen. Aber ich bin selbstverständlich bereit, andere Aufgaben zu erfüllen.

Arbeitgeber: Was genau können Sie?

Sie: Ich verstehe ziemlich viel von Informatik, kenne mich mit der Buchhaltung aus, ich kann aber auch im Haushalt arbeiten.

Arbeitgeber: Wären Sie bereit, sich halbtags um kleine Kinder zu kümmern? Sie könnten uns nachmittags dann Büroarbeit abnehmen. Und im Notfall würden wir Sie dann abends an die Rezeption rufen. Wäre das in Ihrem Sinne?

Sie: Absolut. Könnten Sie mir ein Zimmer besorgen oder soll ich eins in der Stadt suchen?

Un entretien d'embauche dans un grand hôtel

Employeur : *Je vois que vous êtes née à l'étranger. Comment cela se fait-il ? Vous êtes de nationalité française n'est-ce pas ?*

Vous : *Oui, je suis française. Mais j'ai grandi aux États-Unis.*

Employeur : *Vous parlez donc couramment anglais ?*

Vous : *Je parle plusieurs langues, oui.*

Employeur : *Comment avez-vous eu l'adresse de notre hôtel ? Nous vous avons été recommandés par quelqu'un ?*

Vous : *Non, je voulais travailler dans un grand hôtel à Berlin et j'ai simplement regardé sur internet.*

Employeur : *Quel travail espérez-vous faire chez nous ?*

Vous : *Je pensais travailler à la réception pour rafraîchir mes connaissances linguistiques. Mais bien entendu je suis prête à accomplir d'autres tâches.*

Employeur : *Que savez-vous faire exactement ?*

Vous : *Je me débrouille plutôt bien en informatique, je m'y connais en comptabilité, mais je peux également faire des travaux domestiques.*

Employeur : *Seriez-vous prête à vous occuper de jeunes enfants en demi-journée ? Vous pourriez ensuite nous décharger de travaux de bureau l'après-midi. En cas de besoin, nous ferions appel à vous le soir à la réception. Cela vous convient-il ?*

Vous : *Absolument. Pouvez-vous me procurer une chambre ou dois-je en chercher une en ville ?*

Arbeitgeber: Wir können Sie unterbringen, natürlich! Und essen tun Sie mit uns. Ich biete den Mindestlohn an, die Überstunden werden extra bezahlt.

Sie: Alles bestens. Wann soll ich anfangen?

Arbeitgeber: Morgen früh, wenn es möglich ist. Wir zeigen Ihnen das Zimmer und tragen Ihr Gepäck hinauf, sobald Sie es wünschen.

Employeur : *Nous pouvons vous loger, bien sûr ! Et vous mangerez avec nous. Le salaire sera le smic, les heures supplémentaires seront payées en plus.*

Vous : *C'est parfait. Quand dois-je commencer ?*

Employeur : *Demain matin si vous le pouvez. Nous allons vous montrer votre chambre et monter vos bagages dès que vous le souhaitez.*

Notes

Notes

Notes

Notes

Notes

Notes

Notes

Achevé d'imprimer sur les presses de
l'Imprimerie France Quercy, 46090 Mercuès

N° d'impression : 61726/
Dépôt légal : juillet 2006

Imprimé en France